ESMERALDA

Adaptação teatral de **Annamaria Dias**

Aviso:

Direção de Arte: Luiz Antonio Gasparetto
Projeto Gráfico: Fernando Capeto
Diagramação: Cristiane Alfano
Preparação: Patrícia Murari
Revisão: Melina Marin

1ª edição
1ª impressão — junho 2011
3.000 exemplares

Dados Internacionais de Catalogação na Publicação (CIP)
(Câmara Brasileira do Livro, SP, Brasil)

Dias, Annamaria
Zibia Gasparetto no teatro : Esmeralda / adaptação de Annamaria Dias; baseado no romance de Zibia Gasparetto ditado pelo espírito Lucius. - São Paulo : Centro de Estudos Vida & Consciência Editora. - (Coleção Zibia Gasparetto no teatro)

ISBN 978-85-7722-149-3

1. Obras psicografadas 2. Peças teatrais 3. Teatro espírita I. Gasparetto, Zibia. II. Lucius. III. Título. IV. Título: Esmeralda. V. Série.

10-10400 CDD-133.9

Índices para catálogo sistemático:
1. Teatro : Arte espírita : Espiritismo :
Doutrina espírita 133.9

Publicação, distribuição, impressão e acabamento
CENTRO DE ESTUDOS VIDA & CONSCIÊNCIA EDITORA LTDA.

Rua Agostinho Gomes, 2.312
Ipiranga — CEP 04206-001
São Paulo — SP — Brasil
Fone / Fax: (11) 3577-3200 / 3577-3201
E-mail: grafica@vidaeconsciencia.com.br
Site: www.vidaeconsciencia.com.br

CARTA AO LEITOR

Toda vez que leio um livro de Zibia Gasparetto ditado por Lucius, sinto-me impulsionada a fazer uma adaptação teatral, televisiva ou cinematográfica da obra.

As histórias narradas são tão envolventes que facilmente levam um dramaturgo a visualizar e a materializar toda a ação dramática transcorrida nas páginas, do início ao fim.

Isso aconteceu com o primeiro romance, *Laços Eternos,* que peguei emprestado na biblioteca da Federação Espírita de São Paulo para ler, quando ainda trabalhava como voluntária, pela simples curiosidade de conhecer um dos livros mais procurados pelos leitores.

Fiquei tão encantada com o enredo e o desenvolvimento da trama que imediatamente me inspirei e motivei a fazer uma adaptação teatral, o que realmente acabou acontecendo um ano depois, e a montagem do espetáculo acabou transformando-se num sucesso.

Logo fui escolhendo alguns livros disponíveis nas prateleiras da biblioteca. Então, deparei-me com obras maravilhosas que li vorazmente como *O Morro das Ilusões*, *Entre o Amor e a Guerra*, *Espinhos do Tempo*, *O Matuto* e *Esmeralda*!

Todas, sem exceção, me deslumbraram, mas, quando li *Esmeralda*, fiquei extasiada com a história de vida daquela cigana arrebatadora. O que eu li ficou tão vivo e vibrante em minha mente que não consegui sossegar até conversar com Zibia, obter sua autorização para fazer mais uma adaptação teatral, e, mais tarde, transformar *Esmeralda* também num roteiro cinematográfico.

Que a peça teatral *Esmeralda* possa ser vista e apreciada por uma imensidão de espectadores e causar em você a mesma emoção que senti ao ler a obra original e transformá-la numa adaptação.

E que o cinema possa também produzir essa história extraordinária e comover muitas e muitas plateias!

Annamaria Dias

ZIBIA GASPARETTO

Aprendi a ler aos quatro anos de idade e, aos oito, costumava passar horas sentada, escrevendo histórias. Com a chegada da adolescência, deixei esse comportamento de lado e só o retomei, na forma de psicografia, quando, anos depois, meu marido e eu passamos a estudar, uma vez por semana, os livros de Allan Kardec. Meu braço doía e a mão mexia contra minha vontade. Colocados papéis e lápis à minha frente, começava a escrever rapidamente.

Nós frequentávamos as sessões da Federação Espírita e eu participava como médium de incorporação, psicografando e, algumas vezes, utilizando o dom da xenoglossia (faculdade de falar ou escrever línguas desconhecidas). Nessa época, recebia contos, mensagens de orientação, histórias e, assim, os romances começaram a fluir.

Adotei o hábito de estudar o assunto desde então. Com essa prática, minha sensibilidade se abriu e comecei a perceber e a entender muitas coisas que antes não me eram possíveis. Apesar disso, para muitas coisas ainda não tenho respostas, por isso continuo esforçando-me, buscando compreensão.

Minha experiência e estudos fizeram-me perceber a importância de disciplinarmos o emocional, enfrentarmos os medos e tomarmos posse de nós mesmos para que energias alheias não nos envolvam.

Se conseguirmos isso e nos ligarmos aos espíritos evoluídos, a mediunidade será uma fonte de conhecimento, saúde e lucidez.

Estudar a vida espiritual abre as portas do futuro, derrotando a morte e mostrando que somos seres imortais.

LUCIUS

Esse amigo espiritual, que vem me inspirando em todos os romances, trabalhou sem revelar seu nome quando eu comecei a psicografar. Eu sentia sua presença, cheguei a vê-lo algumas vezes, mas nunca perguntei nada. Prefiro as manifestações espontâneas. Só quando terminei o livro *O amor venceu*, na última página, ele assinou: Lucius.

A respeito de sua trajetória só sei o que ele revelou no livro *O fio do destino*, em que relata duas encarnações na Terra: a mais antiga, como membro do parlamento inglês, e a outra, como escritor e juiz na França.

Para mim ele tem sido um mestre. Suas energias são prazerosas e, quando ele se aproxima, meu pensamento torna-se claro, lúcido. Sinto-me muito bem.

Nos primeiros tempos em que trabalhamos juntos, ele costumava andar comigo e, conforme o lugar e as cenas que eu presenciava, orientava-me, fazendo-me ir mais fundo nas observações. Depois de algum tempo, ele passou a vir apenas nos momentos de trabalho.

Aprendi muito, tanto com os conselhos quanto com as histórias que ele me passou.

Algumas pessoas me perguntam: "por que você?". Não sei por que ele me escolheu, mas sinto que os laços que nos unem são antigos e perdurarão pela eternidade.

ANNAMARIA DIAS

Annamaria Dias é atriz, autora, diretora, jornalista e empresária. Iniciou sua carreira em 1965, com Lúcia Lambertini, na TV Cultura. Foi contratada pela Rede Tupi de Televisão (até 1981) e pelo SBT (até 2008). Como atriz participou de 29 telenovelas; foi assistente de direção em 10 telenovelas; diretora de 2 telenovelas. Atuou em 18 peças de teatro, sendo a de maior sucesso: *Trair e Coçar é só Começar*, onde permaneceu até 2009. Recebeu inúmeros prêmios, entre eles: Roquete Pinto – Atriz de televisão; Associação Paulista de Críticos de Artes (APCA) – Atriz de teatro; Troféu Comunicação – Atriz de teatro; Governador do Estado – Atriz de teatro; Troféu Magnífico – Atriz de teatro; Quality Brasil – Atriz de teatro; Prêmio Anchieta – Dramaturgia. Escreveu, até o momento, dezesseis peças teatrais e diversos projetos para TV.

Annamaria é autora do livro *Me leva nos braços, me leva nos olhos*, um relato sobre sua vivência como Coordenadora de Teatro da Fundação Estadual do Bem-Estar do Menor (FEBEM) – 1986 a 1988. Atualmente é diretora da VTeatro Produções Artísticas e Culturais.

ESMERALDA*

Esmeralda era uma cigana orgulhosa e absoluta. O mistério maravilhoso de sua dança arrancava olés e aplausos acalorados. Sempre desejada, despertava grandes paixões. Mas não amava ninguém, nem se importava com a dor dos seus apaixonados. Um dia, porém, Esmeralda encontrou um amor que arrastou o seu destino.

A vaidade tem um preço que o orgulho cigano sempre paga. E todas nós, mulheres, temos um pouco de Esmeralda.

*Romance publicado em 1985 com mais de 350 mil exemplares vendidos no Brasil. (N.E.)

PERSONAGENS

CIGANOS

Esmeralda: cigana, mulher de forte personalidade, muita sensualidade e enorme carisma. Atração principal do grupo de ciganos com sua dança "caliente". Protagonista feminina.

Miro: chefe dos ciganos. Homem vivido, íntegro, experiente e de espiritualidade bem desenvolvida. Tutor de Esmeralda. Foi apaixonado por sua mãe.

Mina: cigana que tem mediunidade e faz premonições. Mulher de Miro.

Tânia: mãe de Esmeralda. Desencarnada. Aparece como espírito nas cenas finais, e recebe a filha no plano espiritual. Bonita e carismática. Parecida fisicamente com Esmeralda.

Sura: cigana que também faz parte do grupo das três ciganas.

Rino: filho de Miro. Casa-se com Isadora no final da história.

Um cigano: faz parte do grupo.

Um cigano: faz parte do grupo.

Um cigano: faz parte do grupo.

Uma cigana: também faz parte do grupo das três ciganas.

NOBRES

Carlos (De Rueda e Castillo): jovem, másculo, atraente, impulsivo e arrebatado. Tipo latino. Protagonista masculino.

Dom Fernando: pai de Carlos. Nobre espanhol. Homem severo, de ideias preconcebidas.

Dona Encarnação: mãe de Carlos, esposa de Dom Fernando. Mulher dedicada ao filho e ao marido.

Maria (De Velasquez y Hernandez): jovem, apaixonada por Carlos. Torna-se sua esposa e mãe de seus dois filhos. Tipo físico totalmente diferente do de Esmeralda.

Matilde: jovem, filha de Carlos e Maria.

José: jovem, filho de Carlos e Maria.

Álvaro: amigo de infância de Carlos. Primo de Maria, apaixonado obsessivamente por ela. Trama contra Carlos, envolvendo Esmeralda.

Fabrício: marido de Leonor. Mau-caráter, sem escrúpulos.

PERSONAGENS QUE COMPLEMENTAM A HISTÓRIA

Dom Ortega: bandido. Age por dinheiro.

Isadora: filha de Esmeralda e Carlos. Bem-criada e educada. Depois de um tempo, substitui Esmeralda no grupo de ciganos. Possui o mesmo tipo físico de Esmeralda e de Tânia.

Inácio: valete de Carlos, seu companheiro fiel de todas as horas. Ágil, astuto, alegre e engraçado.

Consuelo: criada de confiança do castelo de dom Hernandez. É escolhida por Álvaro para criar Isadora.

Gervásio: padre, confessor de Leonor, a esposa de dom Fabrício. Apaixona-se e casa-se com Leonor.

Sarita: criada de Maria, futura esposa de Inácio.

PEQUENAS PARTICIPAÇÕES

Homem de Ortega.

Homem de Ortega.

Criada de dona Leonor.

Criado de dom Fabrício.

Criado de dom Fernando.

Criada de dom Fernando.

Médico de dom Antônio, dom Hernandez: pai de Maria.

Capanga.

Padre.

Leonor: irmã de dom Fernando, mulher de dom Fabrício. Tem uma pequena participação. Envolve-se com dom Gervásio e casa-se com ele.

CENÁRIOS

1. ACAMPAMENTO DE CIGANOS COM A CARROÇA DE ESMERALDA – EM VALÊNCIA E EM MADRID.

(A CARROÇA DEVERÁ TER UMA COBERTURA MÓVEL, PARA QUANDO AS CENAS SE PASSAREM EM SEU INTERIOR.)

2. SALA DO CASTELO DE DOM FERNANDO – EM VALÊNCIA.

3. SALA DA CASA DE DOM FABRÍCIO – EM VALÊNCIA.

4. RECANTO DE IGREJA – EM VALÊNCIA.

5. PORÃO DO CASTELO DE DOM FERNANDO – EM VALÊNCIA.

6. QUARTO DE CARLOS, NO CASTELO DE DOM FERNANDO – EM VALÊNCIA.

7. ALPENDRE NO EXTERIOR DO CASTELO DE DOM FERNANDO – EM VALÊNCIA.

8. SALÃO DA ADMINISTRAÇÃO DO CASTELO DE DOM FERNANDO – EM VALÊNCIA.

9. CASTELO DE DOM ANTÔNIO HERNANDEZ – EXTERIOR DA CASA DE CRIADOS, EM MADRID.

10. SALA DO CASTELO DE DOM ANTÔNIO HERNANDEZ – EM MADRID.

11. PLANO ESPIRITUAL.

E MAIS: EXTERIORES E ESPAÇOS NEUTROS.

E S M E R A L D A

ESPANHA – SÉCULO XVIII

O ESPETÁCULO COMEÇA NA ANTESSALA DO TEATRO.

ANTESSALA DO TEATRO.

ENTRAM QUATRO CIGANAS QUIROMANTES.

UTILIZAM A FRASE:

— Buena dicha, senhor(a)! Passado, presente e futuro!

VÃO PARA O MEIO DO PÚBLICO E COMEÇAM A LER A MÃO DE ALGUNS ESPECTADORES. DEPOIS, PODERÃO PEDIR DINHEIRO PELO TRABALHO.

ISSO DEVERÁ DEMORAR NO MÁXIMO CINCO MINUTOS.

EM SEGUIDA, ENTRAM OS QUATRO CIGANOS, JÁ TOCANDO INSTRUMENTOS,

AS QUATRO CIGANAS UNEM-SE A ELES.

OS OITO FAZEM UM NÚMERO DE DANÇA.

NO MEIO DA DANÇA E COM A MÚSICA EM B.G. (BACKGROUND – VOLUME MAIS BAIXO.) OU SÓ COM A CADÊNCIA DE UM OU MAIS INSTRUMENTOS, SURA, MINA E UMA CIGANA DESTACAM-SE NO GRUPO.

Sura: — Senhoras e senhores, estamos aqui nesta cidade para trazer a vocês um pouco da vida de nossa gente, de nosso povo!

Cigana: — Somos um povo forte, vibrante.

Mina: — Que gosta de cantar, de dançar.

Cigana: — De prever o futuro.

Sura: — De trazer para cada lugar a sua crença, a sua fé!

Mina: — E a nossa fé é ardente!

Sura: — Acreditamos na magia, no amor.

Cigana: — E na ironia do destino, que, muitas vezes, persegue o nosso caminho.

Sura: — E o nosso caminho não é um só, são muitos!

Mina: — Às vezes, penosos, duros...

Cigana: — Difíceis de percorrer.

Sura: — Mas como somos resistentes, respondemos a tudo com a força de nossa raça!

Mina: — Com a certeza de nossa união.

Cigana: — Porque, juntos, enfrentamos todas as estradas, sem medo de nada.

Mina: — A natureza é o nosso abrigo.

Cigana: — E a liberdade é o nosso guia.

As três: — Nosso guia é a liberdade!

Todo o grupo: — A liberdade é o nosso guia!

MÚSICA ENTRA FORTE E O GRUPO RECOMEÇA A DANÇA.

DEPOIS DA DANÇA:

Cigano: — Venham para a nossa festa de hoje. Venham conhecer um pouco de nossa magia, de nosso encantamento! Hoje vamos mostrar a vocês o nosso melhor espetáculo, com a nossa maior atração! Venham!

OS DEMAIS CIGANOS E CIGANAS CONVIDAM O PÚBLICO A ENTRAR NA SALA DE ESPETÁCULO.

A SALA DEVE CHEIRAR A INCENSO, MIRRA DE PREFERÊNCIA.

NO PALCO SEMI-ILUMINADO, O CENÁRIO DE UM ACAMPAMENTO DE CIGANOS.

UMA CARROÇA EM PLANO DE DESTAQUE.

UMA FOGUEIRA ACESA.

OS CIGANOS VÃO SE DIRIGINDO AO PALCO, AO SOM DE SEUS INSTRUMENTOS MUSICAIS.

VÃO TODOS OCUPANDO SUAS POSIÇÕES.

ALGUNS ACORDES MUSICAIS VIBRANTES. UM CIGANO DESTACA-SE E FALA AO PÚBLICO.

ACAMPAMENTO E CARROÇA – EM VALÊNCIA.

Cigano: — Olá, Valência, te saudamos! (*Palmas.*) Estamos muito contentes em estar aqui! Vou trazer até vocês aquele que orienta o nosso grupo. Aquele a quem respeitamos como chefe, como irmão, como amigo maior... o grande Miro!

SOM MARCANTE DOS INSTRUMENTOS MUSICAIS.

MIRO ENTRA E FAZ UMA RÁPIDA E MARCANTE EVOLUÇÃO DE DANÇA, QUE TERMINA NUM GESTO DE SAUDAÇÃO.

RECEBE APLAUSOS, AGRADECE E DIRIGE-SE AO PÚBLICO.

Miro: — O mistério maravilhoso de sua dança desperta paixões. O movimento de seu corpo faz fluir sentimentos, arranca olés de nosso coração! Ela é absoluta, única... inimitável! Ela é a nossa alma cigana! (*Apresenta.*) Esmeralda!

FORTES ACORDES MUSICAIS.

ESMERALDA SURGE DE DENTRO DE SUA CARROÇA, VAI DESCENDO NO RITMO DA MÚSICA. QUANDO DESCE, COMEÇA A DANÇAR.

O GRUPO SOLTA OLÉS.

A PLATEIA DEVE SER ENVOLVIDA PELA FORÇA DE SUA DANÇA.

ESMERALDA INTEGRA NA DANÇA OS ELEMENTOS DO GRUPO – MIRO INCLUSIVE. DESTACA-SE COM MOVIMENTOS VIBRANTES E SEDUTORES.

ENTRAM, PELA PLATEIA, CARLOS E SEU VALETE, INÁCIO.

OS DOIS FICAM EM PÉ, NA PLATEIA, ASSISTINDO À DANÇA DE ESMERALDA. DEVEM SER ILUMINADOS PELAS COSTAS, PARA QUE O PÚBLICO NÃO IDENTIFIQUE BEM QUEM SÃO.

ESMERALDA CONTINUA DANÇANDO.

CARLOS E INÁCIO FICAM ASSISTINDO, MARAVILHADOS.

ESMERALDA SENTE A PRESENÇA DE CARLOS.

DANÇA PARA ELE, QUE VAI FICANDO CADA VEZ MAIS ENTUSIASMADO.

AGORA, CARLOS DEVE SER IDENTIFICADO COM LUZ FRONTAL.

OS DOIS VÃO SE ENVOLVENDO EM OLHARES, CARLOS VAI SE APROXIMANDO DO PALCO.

O GRUPO PERCEBE, MIRO TAMBÉM.

UM ELO FORTE E INTENSO DE ENERGIA DEVE LIGAR ESMERALDA E CARLOS.

A DANÇA TERMINA.

CARLOS APLAUDE, DESLUMBRADO.

AGRADECIMENTOS GERAIS.

O GRUPO SE DISPERSA PELO PALCO. TODOS COMEÇAM A COMER E A BEBER.

ESMERALDA COLOCA-SE, ESTRATEGICAMENTE, EXIBINDO-SE PARA CARLOS.

Carlos: — Que mulher! Que mulher!!

CARLOS VAI, IMPETUOSO, EM DIREÇÃO AO PALCO. INÁCIO O DETÉM.

Inácio: — Não faça isso, dom Carlos! O senhor é um nobre, não pode se expor! Deixe que eu vá sondar o ambiente, primeiro!

Carlos: — Então vá logo, Inácio! Quero conhecer essa mulher maravilhosa!

Inácio: *(Embevecido)*

— Maravilhosa mesmo, meu amo! (*Olha para esmeralda, boquiaberto.*) Que beleza de mulher, nunca vi nada igual!...

Carlos: *(Dá uma sacudida nele.)*

— Ei, faça o que eu mandei, anta!

Inácio: — Sim, senhor! Sim, senhor!

Carlos: — E não diga quem sou! Apresente-se como meu amigo, invente qualquer história!

Inácio: — Dom Carlos não pede, manda!

ELE VAI, ANIMADO. APROXIMA-SE DE ESMERALDA.

Inácio: — Meus cumprimentos, sua dança é maravilhosa! A senhora é maravilhosa! É tudo maravilhoso! Eu nunca vi nada igual na minha vida! Estou verdadeiramente emocionado... (*Interrompe-se, ao perceber Carlos censurando-o.*) Meu amigo quer conhecê-la.

Esmeralda: — E por que ele não vem até aqui?

Inácio: — Ah... meu amigo é muito tímido, coitadinho. Tem dificuldade para se comunicar com as mulheres... principalmente com uma mulher tão... tão... deslumbrante como a senhora – com todo o respeito. (*Confidencia.*) Eu tenho sempre de preparar o caminho!

Esmeralda: — Desprezo homens fracos!

Inácio: — Ele não é fraco não, só tímido como eu falei! Por favor, receba-o, eu lhe peço!

Esmeralda: — Diga pra ele vir. Converso com ele!

Inácio: — Muito obrigado, muito obrigado! (*Faz um sinal para Carlos, avisando que está tudo bem e que ele pode aproximar-se.*)

CARLOS, QUE ESTAVA MAIS DO QUE IMPACIENTE, APROXIMA-SE.

Inácio: (*Apresentando*)
— Meu amo... (*Disfarça.*) Meu amigo...

Carlos: (*Troca seu nome rapidamente.*)
— Ricardo!

Inácio: — É. (*Apresentando.*) Ricardo... Esmeralda!

CARLOS PEGA A MÃO DE ESMERALDA E A BEIJA ARDENTEMENTE.

Carlos: — Estou loucamente apaixonado por você!

Esmeralda: *(Dá uma gargalhada e fala para Inácio.)*
— É muito tímido mesmo o seu amigo!

O GRUPO COMEÇA A TOCAR

MIRO FAZ SINAL PARA ESMERALDA DANÇAR.

ESMERALDA COMEÇA A DANÇAR NOVAMENTE.

CARLOS ENVOLVE-SE NA DANÇA.

OS DOIS VÃO ENVOLVENDO-SE MAIS E MAIS, EM MOVIMENTOS BEM SENSUAIS.

CARLOS ESTÁ CADA VEZ MAIS ENLOUQUECIDO PELA CIGANA.

ELA O VAI LEVANDO PARA SUA CARROÇA.

OS DOIS ENTRAM.

NA CARROÇA, SOB EFEITO DE TRANSPARÊNCIA, COM LUZ PROJETANDO AS SOMBRAS DOS DOIS, É POSSÌVEL PERCEBER, NITIDAMENTE, QUE ELES SE DESPEM E, EM SEGUIDA, SE AMAM COM MUITA VOLÚPIA.

CASTELO DE DOM FERNANDO – SALA.

DONA ENCARNAÇÃO ARRUMA FLORES NUM VASO.

EM SEGUIDA, ENTRA DOM FERNANDO NERVOSO.

Dom Fernando: — Não! Assim não é possível! Assim não é mais possível!

DONA ENCARNAÇÃO FAZ SINAL PARA AS CRIADAS SAÍREM.

Dona Encarnação: — Por que está assim, tão nervoso?

Dom Fernando: — Onde está seu filho?

Dona Enacranação: — Não sei!

Dom Fernando: — Nem eu! Isso não é um absurdo? Três dias fora de casa, sem dar a menor notícia! O que será que aconteceu com ele?

Dona Encarnação: — Calma! Meu coração de mãe diz que não aconteceu nada de mau! Notícias ruins chegam logo!

Dom Fernando: — A senhora é dócil demais! Por isso ele abusa! (T)* Essa ausência de três dias, sem avisar, é uma irresponsabilidade!

ENTRA INÁCIO, PARA PREPARAR O AMBIENTE.

Inácio: *(Muito alegre e solícito.)*

— Com licença! Bom dia, dom Fernando! Bom dia, dona Encarnação!

*Orientação indicando que há mudança de tom de voz.

Dom Fernando: *(Rápido, nervosíssimo.)*

— Onde está Carlos? O que aconteceu? Onde vocês estavam?

Inácio: *(Responde também rápido.)*

— Carlos está vindo, não aconteceu nada e estávamos na cidade!

Dom Fernando: *(Mais irritado ainda.)*

— Fazendo o que até agora?!

CARLOS ENTRA.

Carlos: *(Alegre e feliz.)*

— Bom dia, meu pai! Como está, minha querida mãe?

Dom Fernando: *(Duro, incisivo.)*

— O que você andou fazendo até agora, Carlos?!

Carlos: — Se eu contar, não vão acreditar! Tentando salvar a vida de nossos cavalos! E consegui! Os coitados tomaram água contaminada e ficaram entre a vida e a morte, três dias seguidos!

Dom Fernando: — Isso é verdade, Inácio?

Inácio: — Verdade verdadeira, dom Fernando! Os bichinhos passaram mal mesmo!

Inventaram de beber água num acampamento cheio de ciganos e...

Carlos: *(Corta.)*

— Não precisa entrar em detalhes!

Dom Fernando: — Por que não mandou alguém vir me avisar?

Carlos: — Não encontrei ninguém que quisesse vir até aqui!

Dom Fernando: — Isso é verdade, Inácio?

Inácio: — Verdade pura e cristalina! Meu amo ofereceu um bom dinheiro, mas ninguém se animou a vir! Ficamos lá, a pé, sem sorte nem norte...

Carlos: — Chega! Vá arrumar minha bagagem, quero partir logo!

Dom Fernando: — Como? Nem chegou e já vai partir?

Carlos: — Vou para Madrid, meu pai! Não quero perder o início das festas de verão! Serei hóspede do castelo de dom Hernandez! (*Sabendo que vai agradar a mãe.*) E, por certo, Maria também participará das festas!

Dona Encarnação: — Que coisa boa, meu filho! Tenho certeza de que dona Engrácia e dom Hernandez ficarão felizes com a sua visita! E Maria, mais ainda!

Carlos: — Claro, minha querida mãe! E eu também ficarei muito feliz em poder visitá-los! (*Beija a mãe.*) Vamos, Inácio, não podemos perder tempo! (*Para o pai.*) Com sua permissão! (*E sai.*)

INÁCIO SAI ATRÁS DE CARLOS.

Dom Fernando: — (*Chama.*) Inácio!

INÁCIO PARA, MORRENDO DE MEDO.

Dom Fernando: — Cuide bem dele!

Inácio: — É só o que eu faço, senhor! (*E sai*)

Dona Encarnação: — Que bom que Carlos está se aproximando de Maria! Eu seria a mulher mais feliz do mundo se os dois se casassem!

Dom Fernando: — E eu seria o homem mais feliz do mundo se ele se interessasse um pouco por tudo o que vai ser dele um dia!

Dona Encarnação: — Não seja tão austero assim! É o nosso único filho, precisa de nossa compreensão! (T) Vou preparar alguns presentes para mandar para dona Engrácia e para Maria! (*Faz um pequeno gesto de carinho.*) Fique tranquilo! (*E sai.*)

Dom Fernando: — Essa juventude, essa juventude! O que será deste país se essa juventude não se preparar para tomar as rédeas?

ACAMPAMENTO DOS CIGANOS – VALÊNCIA.

AMANHECE.

O ACAMPAMENTO ESTÁ CALMO.

ALGUNS CIGANOS DORMEM ESPALHADOS.

CARLOS E INÁCIO ENTRAM EM CENA.

INÁCIO VEM NA FRENTE.

Inácio: — Parece que estão todos dormindo, dom Carlos!

Carlos: — Preste atenção, Inácio! Não me chame mais de dom Carlos!

Inácio: — Não?

Carlos: — Não. Agora meu nome é Ricardo. Entendeu?

Inácio: — Entendi, dom Carlos.

Carlos: — Se você me chamar de dom Carlos outra vez, parto o seu pescoço e arranco a sua língua!

Inácio: — Sim, senhor, dom Ricardo!

Carlos: — Tire o "dom"! Apenas me chame de Ricardo!

Inácio: — Sim senhor, sim senhor!

Carlos: — Tire também o "senhor"! Aqui somos só amigos!

Inácio: — Sim senh... (*Muda o tom e fica bem íntimo.*) Certo Ricardito!

Carlos: *(Xinga-o.)*

— Anta! (*E vai até a carroça de esmeralda.*)

Inácio: *(Como num aparte.)*

— Ai, meu Deus! Que triste sorte a minha! Se dom Fernando souber, me mata. E se eu falar a verdade, meu amo me mata. Estou morto de todo jeito!

Carlos: *(Bate levemente na carroça e chama.)*

— Esmeralda! Esmeralda! (*Não obtém resposta.*) Esmeralda!

ENTRA MINA COM UM BEBÊ NOS BRAÇOS.

Carlos: *(Dirigindo-se à cigana.)*

— Onde está Esmeralda?

Mina: — O que quer com ela tão cedo?

Carlos: — Ela me espera. Combinamos ontem que eu viria.

Mina: — Mas a esta hora? Não, Esmeralda está cansada e só vai levantar bem mais tarde.

Carlos: — Eu não posso acordá-la?

Mina: — De jeito nenhum! Ninguém se atreve a isso! Ela fica contrariada. E quando Esmeralda fica contrariada... tudo pode acontecer!

Carlos: — Então devo esperar.

Mina: — É o melhor que tem a fazer. E se quiser falar com ela, espere que ela mesma o chame quando acordar! (*A criança chora.*) Quieto... quietinho, Rino... (*E se afasta.*)

Inácio: — Pelo visto vamos ter de esperar muito! Ela só vai acordar lá pelas altas!

Carlos: *(Malicioso.)*

— É, precisa recompor as forças... eu a fiz dormir muito tarde ontem... (T) Vem, vamos nos ajeitar e dormir também.

Inácio: — No chão?

Carlos: — Claro, e onde mais? Pegue logo as mantas, vamos!

INÁCIO PEGA DUAS MANTAS.

ESTENDE A SUA, DEIXA A DE CARLOS DE LADO.

DEITA E SE ACOMODA.

CARLOS FICA SÓ OLHANDO.

Carlos: — O que é isso? Estenda a minha manta também!

Inácio: — Por quê ? Aqui não sou mais seu valete! Somos só amigos, de igual para igual! (*Ajeita-se.*) Durma bem, Ricardito! (*Vira e dorme.*)

Carlos: — É mais esperto do que eu imaginava!

CARLOS ARRUMA SUA MANTA PARA DORMIR.

OS DOIS DORMEM.

NUM MOVIMENTO MÁGICO, SURGEM AS TRÊS CIGANAS - MINA, SURA E CIGANA.

DURANTE A APRESENTAÇÃO DAS TRÊS CIGANAS, O DIA VAI CLAREANDO E O ACAMPAMENTO, ACORDANDO. OS CIGANOS COMEÇAM A MOVIMENTAR-SE.

Cigana: — Dom Carlos, apaixonado, deixou a nobreza de lado e veio Esmeralda encontrar.

Mina: — Ardente de paixão, perdido em tanta emoção, não se importou de esperar.

Sura: — Dom Carlos, apaixonado, no chão de terra deitado, aceitou sua condição.

Cigana: — Demais, um amor desvairado.

Sura: — No destino de Esmeralda, traçado.

Mina: — Mais um, em seu cigano coração!

Cigana: — Acorde dom Carlos, é hora!

Mina: — Acorde, dom Carlos! Esmeralda não demora! (*Surge um som forte de castanholas nos ouvidos de carlos.*)

AS TRÊS DESAPARECEM DE MANEIRA MÁGICA.

CARLOS ACORDA ASSUSTADO E SACODE INÁCIO.

Carlos: — Inácio!

Inácio: *(Acorda assustado.)*
— Que foi, que foi?!

Carlos: — Já deve ser tarde! Por que você me deixou dormir tanto?! (*Olhando em direção à carroça.*) Será que ela ainda não acordou? (*Num impulso, vai até lá e a chama.*) Esmeralda! Esmeralda!

SEM OBTER RESPOSTA, RESOLVE ABRIR A CORTINA.

VIOLENTA CHICOTADA NA MÃO O IMPEDE.

CARLOS DÁ UM GRITO DE DOR E VIRA PARA VER QUEM O CHICOTEOU.

MIRO ESTÁ ATRÁS DELE.

Miro: *(Fala calmo, mas incisivamente.)*

— Esmeralda está dormindo e não pode ser perturbada! Se puser a mão aí de novo, em vez de chicote eu vou usar a espada!

Carlos: — Esmeralda pediu que eu viesse! Quer falar comigo!

Miro: — Quando ela acordar decide se quer ou não ver você. Se quiser, continue esperando. Mas longe da carroça dela!

CARLOS AFASTA-SE CONTRARIADO.

INÁCIO ESTÁ PÁLIDO DE MEDO

Inácio: *(Fala baixo.)*

— Vamos embora enquanto é tempo, amo. Isto aqui não é lugar pra gente ficar! Esses ciganos vão nos matar!

Carlos: — Fique quieto! Só vou embora se quiser!

Inácio: — Deus castiga tanta teimosia!

Carlos: — Feche esta boca! (*Inácio apavorado.*) E pare de tremer, seja homem!

Inácio: — Nessas horas não faço a menor questão!

INÁCIO PEGA SUA MANTA E PRATICAMENTE SE ESCONDE, ENROLANDO-SE NELA. ESTÁ TREMENDO DE MEDO.

CARLOS FICA CADA VEZ MAIS IMPACIENTE.

ANDA PRA LÁ E PRA CÁ.

SENTA-SE.

DEPOIS DE UM TEMPO, A CORTINA DA CARROÇA É ABERTA E SURGE ESMERALDA.

ESTÁ LINDA, COMO SEMPRE.

CARLOS LEVANTA NUM IMPULSO.

ELA SALTA DA CARROÇA COM AGILIDADE.

PASSA POR CARLOS IGNORANDO-O TOTALMENTE.

DIRIGE-SE AOS CIGANOS COM MUITO BOM HUMOR E ALEGRIA.

PEGA UMA ESPIGA DE MILHO, MORDE.

PEGA UMA CANECA DE CAFÉ, BEBE.

CARLOS FICA LÁ, SEM ENTENDER.

CARLOS APROXIMA-SE UM POUCO MAIS DO LUGAR ONDE ELA ESTÁ. ESMERALDA PASSA POR ELE SEM TOMAR CONHECIMENTO DE SUA PRESENÇA.

Carlos: *(Sem entender.)*

— Será que ela não me reconheceu?

Inácio: *(Malicioso)*

— Depois da longa noite de ontem? Não é possível que ela seja tão sem memória!

CARLOS FICA INTRIGADO.

MIRO, QUE DE PERTO OBSERVA TUDO, VAI ATÉ ESMERALDA E LHE DÁ UM ABRAÇO AFETUOSO.

Inácio: — Ela bem que poderia oferecer um cafezinho pra gente, né? Tá um cheirinho tão bom!

Carlos: *(Ainda olha um pouco Esmeralda, que permanece indiferente. Mais tarde e impulsivamente, ele resolve ir embora.)*

— Vamos embora daqui! (*E sai.*)

Inácio: *(Aliviado.)*

— Ainda bem! (*Olha pra cima e faz o sinal da cruz*). Obrigado, Deusinho! (*E sai também.*)

OS CIGANOS RIEM, CONVERSAM.

ESMERALDA DESTACA-SE DO GRUPO E VAI EM DIREÇÃO AO LUGAR DE ONDE CARLOS SAIU.

MIRO APROXIMA-SE DELA.

Miro: — Vá arrumar suas coisas. Vamos partir dentro de poucos minutos. (*Bate palmas e grita para todos.*) Dale! Dale! Dale! Aprontar saída de Valência para Madrid! Vamos sair logo para aproveitar o dia claro!

OS CIGANOS COMEÇAM A SE MOVIMENTAR

Miro: *(Para esmeralda, que não tinha saído do lugar.)*

— Vamos, minha filha! Temos um longo caminho pela frente!

Esmeralda: *(Retomando seu jeito livre e altivo.)*

— Vamos sim, o mais rápido possível! Para Madrid! Valência já deu o que tinha que dar! (*E vai para sua carroça.*)

A MOVIMENTAÇÃO É GERAL.

TODOS SE PREPARAM PARA PARTIR.

AGITAÇÃO, VOZERIO.

FUSÃO DE CENA.

EM PRIMEIRO PLANO, VÃO ENTRANDO INÁCIO E CARLOS, COMO SE JÁ TIVESSEM ANDADO POR ALGUM TEMPO.

Inácio: *(Ofegante e louco da vida.)*

— Esses ciganos não valem o que comem! Precisavam ter escondido nossos cavalos tão longe assim? É só pra irritar, pra tirar a gente do sério! Quem eles pensam que são pra fazer isso com dom Carlos de Rueda e Castillo e com seu valete Inácio?

Carlos: — Cale esta boca! Ande em silêncio!

Inácio: — Certo, certo, patrãozinho! (*Pra si mesmo.*) Andar em silêncio, cansa menos!

OUVE-SE O SOM DE CAVALOS RELINCHANDO.

Inácio: — Lá estão eles, patrãozinho! Graças a Deus vamos voltar pra casa!

Carlos: — Não vamos para casa! Vamos para Madrid!

Inácio: — Fazer o que lá?

Carlos: — Não interessa! Vá pegar os cavalos!

Inácio: — Mas patrãozinho...

Carlos: — Vá Inácio, estou mandando!

Inácio: — Sim senhor, sim senhor! (*Ia sair, mas voltou.*) Só uma perguntinha, patrãozinho: os ciganos também vão pra Madrid, não vão?

CARLOS "DÁ UMA CORRIDA" NELE.

INÁCIO SAI DE CENA.

CARLOS FICA TRANSTORNADO.

Carlos: — Esmeralda... você não pode ter esquecido o que houve entre nós! Nenhuma mulher fez isso comigo antes! Não pense que eu vou desistir de você! Não vou, não! Você vai ser minha de qualquer jeito!

SURGEM AS TRÊS CIGANAS.

DURANTE A PERFORMANCE DELAS, O GRUPO DE CIGANOS ACABA DE SE ORGANIZAR PARA PARTIR.

Mina: — Não, não fuja de mim! Não, não ria de mim! Sou seu fogo, seu calor e seu carinho. E não quero perdê-la neste caminho!

Sura: — Vem! Vem pra perto de mim! Vem! Vem depressa pra mim! Esse olhar enganador não me ameaça. Sou ardor, sou destemor, sou sua raça!

Cigana: — Abra os braços para mim! Corra para junto de mim! Quero amor, quero furor em seu regaço! Envolver seu corpo inteiro em meus braços!

As três: — Não, não fuja de mim! Não, não ria de mim!

ELAS SE MISTURAM COM OS CIGANOS.

UMA IMAGEM TEATRAL MUITO PLÁSTICA E BONITA PARA INÍCIO DA CAMINHADA DELES.

O BANDO DE CIGANOS CAMINHA.

FUSÃO DE CENA.

LUZ REVELA CARLOS E INÁCIO CAÍDOS NO CHÃO.

VOZERIO, GALOPAR E RELINCHAR DE CAVALOS.

O SOM DEVE DAR A ENTENDER QUE O GRUPO DE CIGANOS ESTAVA EM MOVIMENTO E DEPOIS PAROU.

TUDO MUITO RÁPIDO E DE IMPACTO.

Um Cigano: — Ajudem aqui! Depressa! Tem dois homens caídos na estrada!

CARLOS E INÁCIO ESTÃO DESACORDADOS E MACHUCADOS.

OS CIGANOS TENTAM REANIMÁ-LOS.

O PRIMEIRO A VOLTAR A SI É INÁCIO, QUE RECOBRA OS SENTIDOS E GRITA, APAVORADO.

Inácio: — Cuidado, patrãozinho, cuidado!

Cigano: *(Acalmando-o.)*

— Calma, está tudo bem, vocês estão bem! Calma!

Inácio: *(Se dá conta de que Carlos está desacordado ao lado.)*

— Eles mataram meu patrãozinho?! (*E sacode carlos, mas ele não acorda.*) Patrãozinho! Patrãozinho! (*Vai falando descontroladamente.*) Nós estávamos indo pela estrada, tinha muito sol, resolvemos pegar um atalho por debaixo das árvores. (*Continuando*) Eles vieram não sei de onde, não sei quantos, um montão – tudo ladrão mal-encarado. Cercaram a gente e plaft, pluft, encheram a gente de paulada. Não deu nem tempo de defender-nos. Foi uma afronta, uma covardia! (*Se dá conta.*) Levaram todo o nosso dinheiro, nossa comida! Nossa roupa! (*E volta para carlos.*) E mataram meu patrãozinho! (*Chora.*) Bem que eu falei que a gente devia voltar pra casa, mas ele não me escutou! (*Chora.*)

SURGE ESMERALDA, SEGUIDA DE MIRO.

Esmeralda: — O que aconteceu?

Um Cigano: — Eles estavam caídos no meio da estrada.

ESMERALDA OLHA E RECONHECE CARLOS.

EXAMINA-O. SUA PRESENÇA FAZ CARLOS REANIMAR-SE.

CARLOS GEME, ESTÁ MACHUCADO.

Inácio: — Graças a Deus ele está vivo! Foi um milagre! (*Olha para o céu.*) Obrigado, Deusinho!

Esmeralda: *(Para os ciganos.)*

— Levem-no pra minha carroça!

Inácio: — Eu vou junto!

Esmeralda: — Não! Você fica aqui! (*Pra mina.*) Mina, trate dele!

Mina: *(Para inácio.)*

— Venha, vamos limpar e pôr umas ervas nestes ferimentos!

MINA VAI LEVANDO INÁCIO PARA UM CANTO DO PALCO.

OS OUTROS CIGANOS CARREGAM CARLOS.

FICAM, EM PRIMEIRO PLANO, ESMERALDA E MIRO.

Miro: — Você sabe bem o que está fazendo?

Esmeralda: — Claro que sei. Uma cigana sempre sabe quando não deve fugir de seu destino! (*E sai.*)

Miro: *(Fica concentrado, como se estivesse conversando com um espírito.)*

— Tânia, sua filha Esmeralda é igualzinha a você! Teimosa e voluntariosa! Só espero que ela se dê bem! (*E vai na direção de onde esmeralda saiu.*)

CASTELO DE DOM FERNANDO – SALA.

Dom Gervásio: — Isso não pode continuar, dom Fernando! Sua irmã ainda terá problemas sérios de saúde com tanto sofrimento!

Dom Fernando: — Eu simplesmente não tenho nada a fazer! Dom Fabrício cortou relações com nossa família. Impede Leonor de vir nos visitar! É uma insensatez!

Dom Gervásio: — Insensatez que o leva até a acusá-lo de ter causado a situação precária em que se encontra!

Dom Fernando: — Situação precária, ele? E sua fortuna, onde está?

Dom Gervásio: — Mal empregada, nas mulheres que leva para sua própria casa, sem o menor respeito com dona Leonor!

Dom Fernando: — Eu sempre fui contra esse casamento. Eu preveni meu pai do péssimo caráter de Fabrício, mas ele queria casar Leonor de qualquer jeito! Olhe só o resultado! Sinto muito, dom Gervásio, nada posso fazer!

Dom Gervásio: — Compreendo. Pelo menos faça algo para se defender! Numa de minhas estadas na casa de dom Fabrício, pude ouvi-lo confabulando com dom Ortega. Ele tramava uma invasão ao seu castelo!

Dom Fernando: — Aqui? E por quê? Com que intuito?

Dom Gervásio: — Pelo que ouvi, com o intuito de reaver valiosos pertences que seriam, por herança, de dona Leonor.

Dom Fernando: — Isso é uma injúria! Tudo o que era de Leonor por direito de herança lhe foi dado!

Dom Gervásio: — Eu não duvido disso! Mas como o senhor mesmo disse... conhecemos muito bem o caráter de dom Fabrício!

— Se me permite aconselhá-lo, dom Fernando, converse com seu cunhado; faça-o crer que é amigo e deixe bem claro que seu castelo está fortemente protegido de qualquer ataque. Tenho certeza de que isso o fará desistir, ou pelo menos adiar o seu maldoso intento. E então o senhor poderá encontrar um lugar seguro para seus bens.

Dom Fernando: — Será essa a melhor solução?

Dom Gervásio: — Tenho certeza absoluta que sim.

— Preciso ir! Meus fiéis me aguardam para a missa das seis e já são cinco horas! (*Para Dom Fernando.*) Passar bem, dom Fernando! (*Prestes a sair.*)

Dom Fernando: *(Chama.)*

— Dom Gervásio! Fico-lhe muito grato pelas preciosas informações que me trouxe.

Dom Gervásio: — Só fiz o meu dever! (*E sai.*)

DOM FERNANDO FICA APREENSIVO.

ACAMPAMENTO DOS CIGANOS – EM MADRID.

Cigano: — E para encerrar a nossa noite de hoje, vou usar uma frase de nosso grande poeta Cervantes: "Calai e tapai os olhos... E deixai que toque o pandeiro, quem sabe!"

UM CIGANO COMEÇA A FAZER EVOLUÇÕES COM O PANDEIRO.

Cigano: *(Continuando.)*

— "E que guie a dança quem dela entende!"

OUTROS INSTRUMENTOS JUNTAM-SE AO PANDEIRO, A MÚSICA CRESCE. ENTRA ESMERALDA E COMEÇA A DANÇAR.

O GRUPO A ACOMPANHA.

CARLOS E INÁCIO FICAM APRECIANDO.

DURANTE A DANÇA, VEM APROXIMANDO-SE ÁLVARO, PELA PLATEIA.

RECONHECE CARLOS E FICA BEM PRÓXIMO DELE, SEM SER VISTO.

PERCEBE O INTERESSE DE CARLOS POR ESMERALDA.

A DANÇA CONTINUA E CHEGA AO FINAL.

CARLOS E INÁCIO APLAUDEM FRENETICAMENTE, PUXANDO APLAUSOS DA PLATEIA DO TEATRO, COMO SE FOSSEM O PÚBLICO PRESENTE AO ACAMPAMENTO.

ÁLVARO TAMBÉM APLAUDE ENTUSIASMADO.

Álvaro: — Que mulher! Mexe com as entranhas de qualquer homem!

Carlos: *(Voltando-se para ver quem fala.)*

— Álvaro! Que surpresa! Que está fazendo por aqui?

Álvaro: — O mesmo que você! Apreciando a dança desta cigana que deixa qualquer homem de queixo caído! (*E, marotamente arruma o queixo de carlos.*)

— O que o traz a Madrid, meu primo?

Carlos: *(Inventa rápido.)*

— Na verdade... vim, a pedido de minha mãe, para o aniversário da filha de Dom Antônio e de dona Engrácia!

Álvaro: — Você está somente três meses atrasado! Maria fez aniversário no início do outono e estamos no início do inverno!

Inácio: *(Ri.)*

— Meu amo anda cada vez mais desligado do mundo!

ESMERALDA APROXIMA-SE DE CARLOS.

Esmeralda: — Gostou? Criei essa dança pra você!

Carlos: — Fiquei muito tocado por ela! Obrigado! Esmeralda, quero apresentar um amigo meu de infância... Álvaro.

Álvaro: *(Encantado.)*

— Nunca fiquei tão emocionado... tão... sensibilizado por uma dança! E olhe que já vi performances das melhores bailarinas da Espanha! Mas sem sombra de dúvida, nenhuma chega a seus pés!

Esmeralda: — Agradeço e me sinto muito feliz com o elogio! (*Para Carlos.*) Convide o seu amigo para tomar um vinho conosco!

Carlos: — Ele não bebe!

ÁLVARO IRIA DESMENTIR.

Carlos: *(Não o deixa pronunciar uma sílaba e fala incisivo.)*

— Você está proibido de beber! Caso contrário, sua saúde pode piorar! (*Para Esmeralda.*) Vá preparar meu vinho. Quero bem quente! Já vou lá, junto de você!

Esmeralda: — Não demore, então! (*Para Álvaro.*) Até qualquer dia! Venha comigo, Inácio, vamos cuidar do vinho do nosso menino! (*E se afasta com inácio, indo para junto dos outros ciganos.*)

Álvaro: *(Indignado)*

— O que significa essa mentira a meu respeito?

Carlos: — Significa uma verdade a seu respeito também! Se você se meter a besta com Esmeralda, parto-lhe a cara em pedacinhos, entendeu?

Álvaro: — Ah... entendi. Agora entendi tudo!

Carlos: — Ótimo. Melhor pra você!

Álvaro: — Não precisa se preocupar, amiguinho...

Essa cigana é muito interessante, mas meu coração está em outra parte, com uma mulher muito diferente!

Carlos: *(Fica aliviado)*

— Ah é? Então também está apaixonado?

Álvaro: — Perdidamente, irremediavelmente... eternamente!

Carlos: *(Brinca)*

— E quem é a felizarda?

Álvaro: — Maria!

Carlos: — Filha de dom Antônio e de dona Engrácia? Maria, sua prima?

Álvaro: — Ela mesma! É uma mulher maravilhosa, encantadora! Não nos víamos desde que éramos crianças. No final do ano, eu a reencontrei numa festa de família. Ah... foi amor à primeira vista! Quando a vi, tive a certeza de que ela é a mulher que eu quero para viver ao meu lado, para o resto da vida!

Carlos: — Fulminante, não é mesmo? Foi exatamente o que eu senti por Esmeralda quando a vi pela primeira vez! Estamos juntos há mais de dois meses. Não consigo mais viver sem ela!

Álvaro: — E você está vivendo aqui, no acampamento?

Carlos: *(Faz que sim.)*

— Feito um cigano!

— Mas ela não sabe que eu sou nobre! Pra ela eu sou Ricardo! Ricardo e nada mais!

Álvaro: — E seus pais, o que dizem disso?

Carlos: — Eles não podem saber dessa história, pelo amor de Deus!

Álvaro: — Por mim jamais serão informados de coisa alguma!

— Também quero segredo a respeito de Maria!

Carlos: — Segredo absoluto!

OS DOIS FAZEM UM GESTO DE CUMPLICIDADE.

Esmeralda: *(Chama.)*

— Ricardo! Venha!

Carlos: — Estou indo meu amor! (*Referindo-se a Esmeralda.*) Existe mulher mais linda do que Esmeralda?

Álvaro: — Existe. Maria!

OS DOIS RIEM.

CARLOS VAI PRA JUNTO DE ESMERALDA.

MINA APROXIMA-SE.

Mina: — Buena dicha, senhor?

ÁLVARO NÃO ENTENDE.

Mina: — Posso ler sua mão?

Álvaro: — Ah!... Pode, pode! (*E estende a mão para ela.*) Diga-me, o que tenho para o futuro?

Mina: *(Olha bem para ele e depois para sua mão.)*

— Senhor, homem rico, sereis poderoso, tereis fortuna e poder. Saúde boa, amores fáceis...

— Há uma mulher que vos pode elevar até o poder ou atirar-vos no pó das estradas.

Álvaro: *(Vaidoso)*

— Que mulher pode fazer isso comigo?

Mina: — Esta que eu estou vendo aqui, senhor. Cuidado, porque há uma encruzilhada... dois caminhos decisivos a seguir. Um é o da felicidade, o outro da tragédia! Um levará à glória e ao poder, o outro à destruição. Tudo por uma mulher!

Álvaro: — Mas que mulher é essa? Vamos, fale!

Mina: — Não posso ver! (*De repente enxerga alguma coisa.*) Meu Deus!

Álvaro: — O que foi?

Mina: — Nada, nada. Não vejo mais nada! (*Prestes a afastar-se.*)

Álvaro: — Espere! O que foi que você viu? Ande, fale! Está querendo me assustar?

Mina: — De maneira nenhuma, senhor! O que eu vi, já vos falei.

Álvaro: — Ah... deixe pra lá! Não acredito nessas coisas mesmo! (*Pega um pouco de dinheiro*) Tome.

Mina: — Obrigada, senhor! (*E se afasta.*)

ÁLVARO FICA OLHANDO A PALMA DE SUA MÃO, INTRIGADO.

CASA DE DOM FABRÍCIO – SALA.

Fabrício: — Então é esse o motivo? Leonor está assim, tão transtornada, porque se acha rejeitada pelo irmão?

Dom Gervásio: — De certa forma, sim. Mas o que a deixa mais assim... sem energia para o cumprimento de seus deveres de esposa é, principalmente, sentir-se prejudicada na partilha dos bens de seu pai. Sente-se injustiçada! Acusa o irmão, dom Fernando, de tê-la passado para trás, ficando com a parte que por direito lhe pertencia!

Fabrício: — E ela tem razão! Tem toda a razão! Meu cunhado guarda um enorme tesouro em seu castelo!

— Nós aqui, passando necessidades, e ele com a fortuna só para ele!

Dom Gervásio: — Perdoe-me a indiscrição, mas os senhores estão passando por necessidades, por quê?

Fabrício: — Por causa de uma dívida que me está sendo cobrada injustamente.

— Leonor tem razão, temos direito, sim, a uma grande parte do tesouro! Mas eu sei onde ele o esconde e vou tomar providências a respeito! Providências imediatas!

Dom Gervásio: — Vai atacar o castelo?

Fabrício: — Não havia pensado nisso! Estava pensando em ir falar com dom Fernando e exigir a parte da herança que cabe a Leonor.

Dom Gervásio: — Mas por que uma parte, se pode ter tudo? Tudo seria muito justo para quem foi lesado durante tanto tempo... não acha, dom Fabrício?

Fabrício: — Muito bem pensado! Vou falar com Ortega e seus homens imediatamente! Obrigado pelo seu alerta, dom Gervásio, mostra que é uma pessoa de princípios!

Dom Gervásio: — Sou pela justiça! A cada um, o que lhe pertence!

DOM FABRÍCIO SORRI, SATISFEITO.

NUM ESPAÇO NEUTRO, SURGEM AS TRÊS CIGANAS.

IR REVELANDO AS FIGURAS DE DOM GERVÁSIO E LEONOR QUE, COREOGRAFICAMENTE, ENTREGAM-SE, AOS POUCOS, UM AO OUTRO.

Mina: — A verdade era outra, dom Gervásio escondia!

Sura: — Sem razão, sem controle, sua paixão crescia.

Mina: — Por Leonor!

Cigana: — Não! Não queria ser mais seu confessor.

Mina: — Queria ser seu amor!

Cigana: — Dom Gervásio e Leonor... Um amor proibido.

Mina: — Sentimentos intensos.

Sura: — Sensações e libido.

Cigana: — Leonor, vacilante. Dom Gervásio, amante!

Sura: — Pecado? Adultério?

Cigana: — Nenhum dos dois sabia.

Mina: — Só queriam entregar-se a essa intensa magia!

ACAMPAMENTO DOS CIGANOS – EM MADRID.

ESMERALDA, LÁ FORA, E INÁCIO SAINDO DA CARROÇA.

INÁCIO DEVOLVE A CANECA DE VINHO PARA ESMERALDA.

Inácio: — Meu amigo diz que não quer beber nada hoje! Não se sente bem e nem quer sair da cama!

Esmeralda: — Seu amigo anda muito esquisito, sabe?

Inácio: — Acho que é saudade de casa!

Esmeralda: — Saudade de casa! E isso é coisa de homem?

Inácio: — E por que não? Ele é filho único... muito bem tratado pela mãe!

Esmeralda: — Eu também o trato muito bem! Disso ele não pode se queixar!

Inácio: — Eu sei! Mas mãe é mãe! E de carinho de mãe, a gente sempre tem saudade!

Esmeralda: — Não fale besteira! Ele se sente muito bem aqui, comigo!

Inácio: — Não duvido! Mas ele tem deveres a cumprir no castelo de seu pai!

Esmeralda: — No castelo?...

Inácio: — É evidente! Dom Carlos é filho único, o pai conta com ele na administração de seus bens... (*Percebe que falou demais e se interrompe.*)

Esmeralda: — Dom Carlos? Então... Ricardo... é dom Carlos... e mora num castelo?

Inácio: — Quem foi que falou?

Esmeralda: — Você!

Inácio: — Eu? Eu não falei nada!

Esmeralda: — Falou sim! Eu ouvi muito bem! O verdadeiro nome dele é Carlos e ele é um nobre!

Inácio: — Não, de jeito nenhum!

Esmeralda: — Agora estou começando a entender tudo! (*Levanta-se impetuosamente e vai para a carroça.*)

Inácio: — Ah... língua danada! (*Agarra a língua e solta.*) Por que você não fica dentro da boca, quieta?

ESMERALDA ENTRA NA CARROÇA.

CARLOS ESTÁ LÁ, DEITADO.

ESMERALDA APROXIMA-SE DELE.

NO INTERIOR DA CARROÇA.

Esmeralda: — O que você tem ?

Carlos: — O inverno me deixa assim.

Esmeralda: — O inverno ou os seus pensamentos?

— Anda com saudade de casa? Da família? De seu castelo, dom Carlos?

CARLOS A OLHA SURPRESO.

Esmeralda: — Acabei de saber quem você é realmente! Inácio deixou escapar!

Carlos: — Eu posso explicar...

Esmeralda: — Não tem explicação para uma mentira como essa!

— Agora posso entender por que você anda assim, apagado, sem entusiasmo! Já se cansou da vida no acampamento, não é mesmo? Perseguiu-me até me conquistar! Até me deixar aos seus pés! E agora que conseguiu... enjoou, quer ir embora! Quer voltar para a riqueza, para os braços das mulheres da corte! Não é isso? Fale! Fale!

Carlos: — Está bem! Eu sou nobre sim, e é bom que não precise mais esconder isso de você! Não falei antes porque achei que você não iria me aceitar!

Esmeralda: — Ou que eu iria comprometê-lo? Ficou com medo que eu fosse até seu castelo, envergonhá-lo diante de sua família?

Carlos: — Mas o que você está falando?

Esmeralda: — Que você preferiu mentir, me enganar para preservar o santo nome de sua nobre família!

Carlos: — Não é verdade!

Esmeralda: — Preferiu ser Ricardo, o coitadinho, o pobrezinho desamparado na vida, pra não se expor com uma cigana como eu!

Carlos: — Pare de falar asneira! Eu a amo, Esmeralda! Você é a mulher da minha vida! Não quero nunca me separar de você, nunca!

Esmeralda: — Não? Então vá lá ao castelo, dizer a seus pais que quer ficar comigo pra sempre.

— Vá dom Carlos! Não quer contar a eles, que pretende ficar com uma cigana para o resto da vida?

Carlos: — Não vejo motivo para deixá-los preocupados com a minha vida amorosa!

Esmeralda: — Preocupados ou indignados? Será que eles aceitariam uma cigana em seu castelo? E você? Aceitaria uma cigana como sua esposa? Teria coragem de apresentar à corte uma cigana como eu?

CARLOS NÃO RESPONDE.

Esmeralda: — Já tive todas as espécies de homem ajoelhadas aos meus pés, implorando por um momento de amor e preferi você! Entreguei-me a você inteiramente, sem pensar em mais nada! E agora, o que é que eu levo? Uma bofetada na cara? Não, não quero isso pra mim!

— Preferia que você fosse Ricardo. Ricardo, simplesmente! E não dom Carlos, um nobre que não pode assumir o seu amor por uma cigana !

Carlos: — Assumo tudo o que eu faço, não devo satisfações a ninguém!

— Chega de falar bobagens! (*Abraça Esmeralda*) Eu a amo, Esmeralda! Amo mais do que tudo na vida! (*Tenta beijá-la.*)

Esmeralda: — Largue-me!

Carlos: — Não! Venha aqui... Respondo as suas perguntas com meu ardor. Dissipo suas dúvidas com minha paixão! Venha aqui, quero-a colada em meu corpo; quero sentir seu cheiro, seu gosto para sempre, sempre... (*Abraça-a e beija-a com volúpia.*)

ESMERALDA ENTREGA-SE SEM DEFESA.

CASA DE DOM FABRÍCIO — UM ESPAÇO NEUTRO.

Dom Gervásio: — Pronto! Diga para Leonor que está tudo acertado! Dom Fabrício deixará o castelo em breve, para encontrar-se com dom Fernando (*Dá um maço de ervas para ela.*) Tome, guarde num local seguro. Assim que o caminho estiver livre, eu aviso. Faça um chá bem forte e dê para sua senhora.

Criada: — Não posso fazer isso! Essa erva dá comichão pelo corpo todo! Dona Leonor vai ficar toda inchada!

Dom Gervásio: — Será por pouco tempo! Quer continuar vendo dona Leonor infeliz aqui?

— Ande, leve logo!

Criada: *(Pega as ervas)*

— Sim, senhor! Mas o que vai acontecer?

Dom Gervásio: — Quando o chá fizer efeito, o corpo de dona Leonor ficará vermelho e inchado. Então eu direi que ela precisa de socorro urgente e a levarei daqui... para sempre! Percebeu?

Criada: — Sim senhor, padre.

Dom Gervásio: — Quero segredo absoluto. Nem um pio, entendeu?

Criada: — Nem um pio!

Dom Gervásio: — Jure!

Criada: — Juro! (T) Mas isso não é pecado padre?

Dom Gervásio: — Só Deus pode julgar o que vai no íntimo de cada um! (T) Vá logo!

A CRIADA SAI

Dom Gervásio: — Leonor, minha amada...nossa felicidade está cada vez mais perto!

ACAMPAMENTO DOS CIGANOS – EM MADRID.

É MADRUGADA. CARLOS E INÁCIO PRONTOS PARA PARTIR.

MIRO AO LADO DELES

Carlos: — Espero que não me julgue um irresponsável, um aproveitador. Estou há muito tempo fora de casa. Preciso ir até Valência, ver meus pais e cuidar de assuntos de família. Mas volto a encontrar vocês assim que chegarem a Valência! Dou minha palavra de honra!

Miro: — E acho bom que a cumpra! Porque se você fizer Esmeralda sofrer, se sumir sem nunca mais dar notícias, eu vou achá-lo! E você terá de enfrentar minha ira! (T) Tome cuidado para não ferir um cigano como eu! (*E sai.*)

Inácio: — O senhor quer mesmo voltar pra cá depois, dom Carlos? Continuar vivendo assim, sem lei nem rei?

Carlos: *(Corta)*
— Feche essa boca! Você fala demais!

Inácio: — Eu?!

Carlos: — Ande, vá buscar os cavalos!

Inácio: — Vou, vou. (T) Pra dizer a verdade, eu já estava até me acostumando com essa vida de cigano!

CARLOS O FULMINA COM O OLHAR E SENTE VONTADE DE DAR-LHE UNS SOPAPOS

Inácio: — Não está mais aqui quem falou, patrãozinho! (*E sai*)

CARLOS FICA SOZINHO, OLHA PARA A CARROÇA ONDE ESTÁ ESMERALDA.

Carlos: — Durma bem, meu amor, minha amada! (T) Em breve estarei em teus braços novamente! (T) Eu te amo muito, muito!

OUVE-SE O RELINCHAR DE CAVALOS.

CARLOS LANÇA UM BEIJO E SAI.

RECANTO DE IGREJA.

Dom Fernando: — Bem-vindo, dom Fabrício, aqui estou para conversar!

Fabrício: — Vim para isso também.

Dom Fernando: — Dom Gervásio foi muito amigo, cedendo sua igreja para este nosso encontro.

Fabrício: — Também penso assim.

Dom Fernando: — Como está minha irmã Leonor?

Fabrício: — Não tem estado bem, anda muito triste. Tem chorado muito ultimamente.

Dom Fernando: — Afastei-me muito dela. Andei muito ocupado... (*Intencional.*) Cuidando de redobrar a guarda de meu castelo. (T) Mas agora estou mais disponível. Meu filho Carlos voltou e está me ajudando a cuidar de tudo! (T) Quem sabe possamos nos reunir em breve?

Fabrício: — Está me propondo mesmo uma aproximação familiar? Você, que sempre foi contra o nosso casamento?

Dom Fernando: — Os tempos mudaram. Quem sabe não esteja na hora de reunirmos a família novamente?

FABRÍCIO OLHA PARA ELE MUITO DESCONFIADO.

ENTRA UM CRIADO DE DOM FABRÍCIO, NERVOSÍSSIMO.

Criado: — Dom Fabrício, desculpe a intromissão, é assunto urgente! Há um levante em vossas terras!

Fabrício: — Levante? Por quê? O que aconteceu? Fale logo!

Criado: — Tivemos notícia de que dona Leonor estava com peste, que piorou e que dom Gervásio foi obrigado a levá-la embora! Estão todos apavorados com a peste! Querem tocar fogo em seu castelo!

Fabrício: — Mas que loucura é essa, de repente? (*Para Dom Fernando.*) Tenho de ir, depois falamos! (*Para o criado.*) Vamos! (*e sai nervoso, correndo.*).

DOM FERNANDO, SEM ENTENDER MUITO BEM O QUE ESTÁ ACONTECENDO, SAI TAMBÉM.

ACAMPAMENTO DOS CIGANOS – EM MADRID.

Miro: *(Estende um prato de comida para Esmeralda.)*

— Tome. Coma! Você não pode ficar nem mais um dia sem comer!

Esmeralda: *(Esmeralda nem pega o prato.)*

— Não me conformo! Carlos não podia ter ido embora sem me avisar!

Miro: — Eu já disse! Ele falou comigo, contou toda a verdade sobre sua vida!

Esmeralda: — Disse que é dom Carlos de Rueda e Castillo, um nobre?

Miro: — Disse. O que não me surpreendeu. (T)

Disse também que a ama muito. Que vai ver os pais e nos encontrará em Valência, na primavera.

Esmeralda: — Ele devia ter falado comigo!

Miro: — Para quê? Você teria concordado com essa viagem?

Esmeralda: — Ele foi embora, Miro! Trocou o amor de Esmeralda pela vida na corte!

Miro: — Esmeralda! Sei o quanto você gosta desse homem. É a primeira vez que a vejo amando de verdade. Avalio a sua dor! Mas você precisa entender que ele não é um cigano como nós! Sente-se humilhado aqui, vendo você trabalhar para ele!

Esmeralda: — Ele disse isso?

Miro: — Ele pensa diferente de nós, é um nobre! Qualquer cigano ficaria feliz com sua dedicação ao trabalho, mas ele não! Sente-se aviltado!

Esmeralda: — Mas ele não pode ter ido embora só por isso! (T) Ai, Miro, meu peito dói tanto! Nunca senti isso, nunca tive essa dor de angústia dentro de mim, por homem nenhum! (T) E se ele não voltar mais?

Miro: — É porque não a ama o suficiente!

Esmeralda: — Será que vou ter o mesmo destino de minha mãe?

Miro: — Não se atreva a falar uma coisa dessas, Esmeralda! Você sabe muito bem que as palavras têm força e poder! (*E se afasta.*)

ESMERALDA NÃO CONSEGUE CONTROLAR-SE E CHORA.

Esmeralda: *(Muda do choro para a raiva.)*

— É a primeira vez que choro por um homem e garanto que será a última! Se ele não voltar, vou arrancá-lo do meu coração, nem que para isso precise mergulhar no inferno! Ninguém despreza Esmeralda!

CASA DE DOM FABRÍCIO – SALA.

DOM FABRÍCIO, IRADO.

Fabrício: — Vamos, responda! Quero saber de tudo!

Criada de Leonor: — Dona Leonor piorou, foi ficando cada vez mais fraca, sem forças! Eu pedi que fossem avisar o senhor, na Igreja! Aí, dom Gervásio veio até aqui e cuidou de tudo! Achou melhor levar dona Leonor para onde tivesse mais recursos!

Fabrício: — E para onde ele a levou?

Criada: — Acho que para um convento, pelo que entendi.

Fabrício: — Que convento?

Criada: — Não sei, não, senhor!

Fabrício: — E por que ele não mandou me avisar? Por que não me deixou nada escrito?

Criada: — Não sei! Juro que eu não sei!

CASTELO DE DOM FERNANDO.

Inácio: — Era mentira! A criada mentiu para dom Fabrício, mas acabou tendo de contar a verdade para acalmar os outros, que estavam em pé de guerra, prontos para incendiar tudo!

Dom Fernando: — E qual é a verdade? Fale logo, homem! Eu mandei você lá pra isso!

Inácio: *(Constrange-se)*

— A verdade? Bom... é uma história um pouco... assim...

Carlos: — Fale de uma vez, Inácio!

Inácio: — A verdade é que foi tudo uma encenação benfeita para dona Leonor poder fugir com dom Gervásio!

Dom Fernando: — O quê?!

Inácio: — Eles estavam apaixonados e fugiram juntos!

CARLOS DÁ UMA GARGALHADA.

Dona Encarnação: — Fique quieto, meu filho!

Carlos: — Perdão, minha mãe, mas é inacreditável!

Dom Fernando: — Minha irmã... tendo um relacionamento amoroso com um padre?! Como isso é possível?

Inácio: — A criada contou que já fazia tempo que um estava envolvido com o outro! Disse que os dois foram embora muito felizes!

Carlos: — Com a perspectiva de uma vida nova! E por que não?

Dona Encarnação: — Mas isso é pecado, meu filho! É uma heresia!

Dom Fernando: — Dom Gervásio tem de ser excomungado!

Inácio: — Ele já se excomungou por conta própria! Saiu dizendo que ia largar a batina! (T) Foi a criada que contou!

Dom Fernando: — Mas que infelicidade!

Carlos: — Não, meu pai! Se eles estão apaixonados, não vejo infelicidade nenhuma nisso!

Dona Encarnação: — Carlos, não diga uma blasfêmia dessas, meu filho! A união dos dois é uma afronta a Deus!

Carlos: — Afronta a Deus, minha mãe, é duas pessoas viverem juntas, sem amor e sem respeito, como acontecia com minha tia e dom Fabrício!

Dona Encarnação: — Eles eram marido e mulher!

Carlos: — Só no nome! O casamento deles era uma farsa! Pra que ficar mantendo as aparências se não existia amor?

Dom Fernando: — Chega! Não admito essa forma de pensamento em minha casa! Nunca mais quero ouvir falar sobre esse assunto! (T) De hoje em diante, estão todos proibidos de voltar a falar sobre isso! Fui bem claro?

Inácio: *(Com medo)*

— Claríssimo, senhor!

Dom Fernando: *(Para Carlos)*

— Vamos tratar de assuntos mais importantes! O inverno está acabando e precisamos nos organizar! (*E sai.*)

CARLOS OLHA PARA A MÃE INCONFORMADO E SAI, SEGUIDO DE INÁCIO.

PASSAGEM DO INVERNO PARA A PRIMAVERA.

ACAMPAMENTO DOS CIGANOS – EM VALÊNCIA.

SURGEM AS TRÊS CIGANAS. DANÇAM, TRAZEM FLORES E COLOCAM EM TODO O ACAMPAMENTO.

OS CIGANOS TÊM UMA ROUPA MAIS COLORIDA.

PRESENÇA DE FLORES NO ACAMPAMENTO.

MOVIMENTAÇÃO GERAL, RISOS E ALEGRIA.

Mina: — O inverno passou... primavera chegou!

Cigana: — E dom Carlos em seu castelo continuou.

Sura: — Esmeralda, já em Valência, esperava inconformada.

Mina: — Não aceitava a ausência forçada.

Cigana: — Pela primeira vez, ansiosa.

Sura: — Pela primeira vez, temerosa.

Mina: — Esmeralda... pela primeira vez apaixonada?!

MIRO TRAZ UM MAÇO DE FLORES COLORIDAS PARA ESMERALDA.

Miro: — As primeiras flores da primavera para quem habita em primeiro lugar no meu coração!

Esmeralda: — Obrigada, Miro. Você, sempre arrumando uma maneira de me alegrar!

Miro: — Mas pelo visto não tenho conseguido! Há muito tempo não vislumbro um sorriso neste rosto lindo!

Esmeralda: *(Tenta sorrir.)*

— Está difícil, Miro!

Miro: — Carlos virá ao seu encontro, não se preocupe!

Esmeralda: — Será? Será que ele não me esqueceu?

Miro: — Mas que ideia! Carlos ama você! E depois... que homem já teve força pra esquecê-la? Todos os que a conheceram mais de perto ficaram presos aos seus encantos. Por que ele, a quem você deu o coração, iria esquecê-la?

Esmeralda: — Muito tempo distante de mim! (T) Pode ter sido influenciado por sua mãe para que não voltasse! Uma nobre não vai querer ver seu filho tendo um romance com uma cigana como eu!

Miro: — Carlos já não é mais criança. Não vai se deixar influenciar assim, tão facilmente. E depois... quando a gente ama, tem vontade própria!

Esmeralda: — É verdade. Carlos me ama! Não preciso ter medo de nada! Assim que chegarmos a Valência, vou colocar meu vestido mais lindo e vou esperar por ele. E quando chegar, vou dançar a minha dança mais bonita... só para ele! E vamos nos amar muito, muito!

Miro: — Assim é que se fala, minha filha! Essa é a Esmeralda que eu conheço!

Esmeralda: — Miro... como as coisas acontecem quando menos se espera, não? Depois que conheci Carlos, descobri que não consigo mais viver sem ele!

Miro: — Isso tem um nome: paixão!

CASA DE DOM FABRÍCIO – SALA.

Ortega: — Não posso esperar mais!

Fabrício: — Nem eu! Aliás, não tenho mais nada a esperar! Tenho certeza de que dom Fernando estava a par do adultério torpe e vil de sua irmã! Ele e dom Gervásio são farinha do mesmo saco! (T) Dentro de dez dias, invadiremos o castelo!

Ortega: — Dez dias é tempo demais! Eu e meus homens precisamos sair logo da cidade. Estamos com a cabeça a prêmio, você sabe disso!

Fabrício: — Sei, sei! E sei também que o castelo ficará só sob a responsabilidade de Carlos nos próximos dias, o que vai facilitar nossa investida. A espera será lucrativa, Ortega!

Ortega: — Que seja mesmo! Já estou sendo generoso demais em aceitar que você pague o que me deve com um tesouro que nem sei se existe!

Fabrício: — Existe, sim! E é muito mais valioso do que você imagina! E, dentro de dez dias, será seu!

Ortega: — Muito bem. Que seja. (*Quase saindo, para e fala bem incisivo.*) Mas não tente me enganar, Fabrício! Não tente me enganar! (*E sai.*)

CASTELO DE DOM FERNANDO – SALA.

Dona Encarnação: — Tenho achado Carlos tão inquieto, ansioso... (T) Quem sabe depois, em retribuição, possamos convidar dom Hernandez e a família para ficar aqui conosco, por uns dias. Será uma boa oportunidade para Carlos aproximar-se mais de Maria...

Dom Fernando: — É, acho que isso vai ser benéfico para ele. Quero vê-lo muito bem casado, o quanto antes!

Dona Encarnação: — Eu também!

Dom Fernando: — Encarnação, devo confessar que seu filho me surpreendeu na administração de nossos negócios. Saiu-se bem melhor do que eu esperava!

Dona Encarnação: — Carlos está amadurecendo, Fernando, ficando cada vez mais responsável!

Dom Fernando: — E já não é sem tempo! Meu único filho precisa fazer jus a tudo o que construí para o futuro dele!

CARLOS ENTRA.

Carlos: — Com licença, meu pai. Já verifiquei todas as despesas do castelo, conforme pediu. Deseja supervisionar?

Dom Fernando: — Não é preciso, confio na qualidade de seu trabalho.

Carlos: — Vão mesmo partir hoje à noite para Madrid?

Dom Fernando: — Vamos. Dom Hernandez nos espera o quanto antes. (T) Carlos, meu filho, é a primeira vez que deixo o castelo sob sua guarda!

Carlos: — Estará bem guardado, meu pai!

Dona Encarnação: — Carlos... estamos com intenção de convidar dom Hernandez, a esposa e a filha, para virem passar uns dias aqui conosco! Quem sabe, a presença de Maria faça você ficar um pouco mais calmo, mais alegre!

INÁCIO ENTRA.

Inácio: — Com licença, meu amo. Já fiz o que me pediu.

Carlos: — Ótimo!

Dona Encarnação: — Fernando, quero que veja comigo o que pretende levar para a viagem. Quero partir o quanto antes!

OS DOIS SAEM.

Carlos: — Foi lá? Viu?

Inácio: — Fui, vi. Eles estão acampados naquele mesmo lugar em que estivemos pela primeira vez!

Carlos: — Maravilha! (T) Inácio, esta vai ser a mais longa noite de amor de todos os tempos! Vou deixar Esmeralda louca de prazer!

Inácio: — E o castelo, patrãozinho, vai ficar sem ninguém?

Carlos: — Claro que não! Você vai ficar tomando conte dele! (*Dá uma boa gargalhada e sai.*)

Inácio: — Acabei de ser rebaixado de valete... pra bobo da corte!

ACAMPAMENTO DOS CIGANOS – ANOITECER.

OS CIGANOS ESTÃO ESPALHADOS PELO ACAMPAMENTO, PREPARADOS PARA A APRESENTAÇÃO DE ESMERALDA.

FORTES ACORDES MUSICAIS.

ENTRA MIRO.

Miro: — E de volta a Valência, a alma ardente de... Esmeralda!

MÚSICA ARDENTE, RITMADA.

ENTRA ESMERALDA E DANÇA.

ESMERALDA USA UM VESTIDO LINDO.

E MAIS INSPIRADA DO QUE NUNCA.

É UM SOLO DE DANÇA FORTE E VIBRANTE.

NUM DETERMINADO MOMENTO DA DANÇA, ENTRA CARLOS.

LUZ EVIDENCIA ESMERALDA E CARLOS.

ESMERALDA NÃO PERCEBE A ENTRADA DE CARLOS E CONTINUA DANÇANDO.

O ÚLTIMO PASSO DA DANÇA A FAZ SE VIRAR PARA ONDE CARLOS ESTÁ.

OS DOIS SE OLHAM, SE ENXERGAM E SE SENTEM COM MUITA EMOÇÃO.

A DANÇA TERMINA.

CLIMA BONITO ENTRE OS DOIS, QUE SE ENCONTRAM, NUM FORTE E DEMORADO ABRAÇO, COM MUITA, MUITA SAUDADE.

CARLOS PUXA ESMERALDA.

OS DOIS ISOLAM-SE NUM ESPAÇO DO PALCO.

COMO SE TIVESSEM SE AFASTADO DE TODOS, E FICADO SOZINHOS, NUM LUGAR MAIS ISOLADO, NA NOITE, NO MATO, NA NATUREZA, SOB A LUZ DA LUA CHEIA...

Esmeralda: — Como você demorou... Não aguentava mais de saudade.

Carlos: — Não fiquei um dia sequer sem pensar em você! Amo você, Esmeralda! Amo, amo!

Esmeralda: — Eu também o amo! Como nunca amei ninguém na vida! (T) Pensei que você não fosse mais voltar ...

Carlos: — Eu não sei mais viver longe de você! Quero que você seja minha pra sempre, sempre...

EXCITADOS, ABRAÇAM-SE E BEIJAM-SE. COMEÇAM A SE AMAR ARDOROSAMENTE.

INÁCIO CHEGA MUITO NERVOSO.

Inácio: — Patrão! Patrãozinho! Estão invadindo o castelo!

Carlos: — O quê?!

Inácio: — Assim que o senhor saiu, dom Ortega e seus homens chegaram de repente atirando e invadiram o castelo! Já deixaram gente morta no caminho! O senhor precisa ir pra lá correndo! (T) Trouxe armas e munição (*Entrega para Carlos.*)

Carlos: *(Para Esmeralda.)*

— Tenho de ir, meu amor, me espere aqui! (*Para Inácio.*) Vamos logo, Inácio!

OS DOIS SAEM.

Esmeralda: *(Pressente algo e grita para Carlos.)*

— Carlos! Não vá! Eles são criminosos! Não vá!

PORÃO DO CASTELO DE DOM FERNANDO.

DOIS HOMENS CARREGANDO UM BAÚ.

Ortega: — Por aqui, rápido! Deixem aí mesmo, depois colocamos em dois cavalos! (*Para Fabrício.*) Cadê o resto? Você disse que ainda tinha mais!

Fabrício: — E tem! Outro baú cheio de dinheiro, lá no fundo, mas é difícil de pegar!

Ortega: — Mostre o lugar!

Fabrício: — Ali, no meio daquelas ferragens, tem um alçapão.

Ortega: *(Para os homens.)*

— Vamos pegar o outro baú!

Fabrício: — Eu fico aqui, vigiando!

Ortega: — Eu fico! Mostre o alçapão pra eles.

Fabrício: — Não! Eu sou da família! Se algum criado chegar, é mais fácil eu despistar! Vão depressa! O alçapão fica lá no fundo!

Ortega: *(Para os homens.)*
— Vamos!

(E PROCURANDO, VÃO SAINDO DE CENA.)

FABRÍCIO VAI PARA O LADO DE FORA E TRANCA A PORTA.

Fabrício: — Vão procurar até morrer! Pensaram que podiam me passar pra trás? Vão ver como é bom ficar aí dentro, sem ar! O esperto aqui sou eu!

OUVE-SE O RELINCHAR DE CAVALOS.

FABRÍCIO FICA SOBRESSALTADO, ESCONDE-SE E AGUARDA DE TOCAIA.

CARLOS ENTRA ARMADO, CAMINHA COM CUIDADO.

DOM FABRÍCIO SURGE E ATIRA NELE.

Carlos: — Fabrício, seu canalha! (*E tomba.*)

OUVE-SE OUTRO TIRO.

FABRÍCIO CAMBALEIA E TENTA REAGIR.

OUVE-SE MAIS UM TIRO.

FABRÍCIO CAI MORTO.

INÁCIO ENTRA COM A ARMA QUE USOU NA MÃO.

CORTINA RÁPIDA OU BLACKOUT.

FIM DO PRIMEIRO ATO.

ESMERALDA

ATO II

CASTELO DE DOM FERNANDO – QUARTO DE CARLOS – AMANHECER.

CARLOS DEITADO, INCONSCIENTE.

INÁCIO SENTADO À SUA CABECEIRA.

Inácio: — Patrão, Patrãozinho, por favor, reaja! O senhor não pode continuar assim! Ainda tem muita coisa pra realizar!

CARLOS CONTINUA IMÓVEL.

Inácio: — Ai, meu Deus... ajude o meu patrãozinho a ficar bom! Prometo fazer com que ele nunca mais fale nenhuma mentirinha! Juro!

DONA ENCARNAÇÃO ENTRA NO QUARTO.

Dona Encarnação: — Como está meu filho?

Inácio: — Na mesma, dona Encarnação! (*Abaixa a cabeça, inconformado.*) Queria tanto ver meu amo bom de novo!

Dona Encarnação: — Vá descansar um pouco, Inácio. Eu fico com ele.

Inácio: — Vou, sim senhora. Se precisar de alguma coisa, me chame. (*E vai saindo.*)

CARLOS AGITA-SE E FALA PALAVRAS DESCONEXAS.

Inácio: *(Vai para perto dele, feliz.)*
— Patrãozinho!

Dona Encarnação: — Filho! (*Pega nas mãos dele.*)

Carlos: *(Abre os olhos, olha para todos os lados.)*
— Esmeralda! Esmeralda!

Dona Encarnação: — Esmeralda?!

Inácio: — Acho que ele está sonhando com pedras preciosas! Lembrando do tesouro que tentaram roubar!

Carlos: — Esmeralda, meu amor, minha amada! Onde você está? Quero você aqui, perto de mim! Vem aqui... vem... vem...

Dona Encarnação: — Quem é Esmeralda, Inácio?

Inácio: — Eu... não sei, não, senhora...

DOM FERNANDO ENTRA NO QUARTO.

Carlos: *(Olha em direção à janela e grita.)*
— Vem aqui! Vem aqui!

Dom Fernando: — Quem ele está chamando?

UM CRIADO ENTRA DE REPENTE NO QUARTO. ESTÁ AGITADO E FALA RÁPIDO.

Criado: — Com licença! (*Para dom Fernando.*) Dom Fernando... prendemos uma cigana que estava rondando o castelo!

Dom Fernando: — Cigana?!

Dona Encarnação: *(Para o criado.)*

— Mande-a ir embora daqui! Não damos dinheiro a desocupados!

Criado: — Disse que conhece dom Carlos e insiste em falar com ele! (T) Mandou dizer que é Esmeralda!

Dona Encarnação: — Esmeralda?

Dom Fernando: *(Para inácio.)*

— Quem é essa Esmeralda, Inácio?!

Inácio: *(Não dá mais para mentir.)*

— É... uma paixão de dom Carlos.

Dona Encarnação: — Valha-me Deus! Meu filho e uma cigana?!

ESMERALDA CHEGA AO QUARTO, MAS É IMPEDIDA DE ADENTRÁ-LO POR UM CRIADO, QUE A SEGURA.

VÊ CARLOS NA CAMA.

Esmeralda: — Carlos, meu amor! O que fizeram a você?

DESVENCILHA-SE DO CRIADO E VAI ATÉ ELE.

Esmeralda: — Carlos, meu amado, meu amor! Não vá embora, eu peço! Vem para a vida! Eu estou aqui esperando! (*Para Inácio.*) Inácio, ele está muito mal! A medicina não vai poder fazer nada por ele! (T) Vá buscar Miro no acampamento. Só Miro poderá salvar Carlos!

Inácio: *(Para dom Fernando.)*

— Posso ir, senhor? Miro ajudou dom Carlos a recuperar-se quando fomos assaltados. É nosso amigo!

Dom Fernando: — Vá!

INÁCIO VAI DEPRESSA.

Esmeralda: *(Concentra-se em Carlos.)*

— Carlos, meu amor... volte à vida, eu peço. Eu preciso de você! Não me deixe neste mundo, sozinha, sem você, sem o seu carinho... Eu o amo, Carlos!

ESMERALDA ACARICIA CARLOS, BEIJA SUAS MÃOS, SEU ROSTO.

REAÇÃO DE DONA ENCARNAÇÃO, QUE FICA MAIS TENSA AINDA.

DOM FERNANDO FAZ UM SINAL PARA DONA ENCARNAÇÃO, PARA SAÍREM DE LÁ.

Dona Encarnação: — Não! Não vou deixar meu filho sozinho com essa mulher!

DOM FERNANDO AFASTA DONA ENCARNAÇÃO PARA OUTRO CANTO DO QUARTO, MAIS LONGE DA CAMA DE CARLOS.

LUZ EVIDENCIA DOM FERNANDO E DONA ENCARNAÇÃO, E DIMINUI NO AMBIENTE.

Dona Encarnação: — Não entendo essa sua atitude! Como você pode querer confiar a vida de seu filho a esses ciganos ignorantes?

Dom Fernando: — Já confiamos a vida dele aos melhores médicos da corte e de nada adiantou!

Dona Encarnação: — Eu não acredito que feitiçaria possa salvar meu filho! Esses ciganos são feiticeiros!

Dom Fernando: — Eles são nosso último recurso, já que a ciência não está conseguindo fazer nada! (T) Carlos pode morrer de uma hora para a outra! E nós precisamos salvá-lo! Nem que para isso tenhamos de usar recursos sobrenaturais!

INÁCIO ENTRA COM MIRO.

Inácio: — Com licença, dom Fernando. Miro estava aqui! Veio atrás de Esmeralda.

Esmeralda: — Miro, salve-o, eu lhe peço! Sei que pode fazer isso! Não deixe Carlos morrer!

MIRO FICA ESTÁTICO.

Dom Fernando: — Salve meu filho, por favor!

REAÇÃO DE TODOS, EM EXPECTATIVA.

DONA ENCARNAÇÃO, MUITO TENSA.

Miro: — Farei o que puder. (*Examina Carlos, concentra-se.*) Ele está quase se desligando... Vejo seu espírito flutuando sobre o corpo e não sei se poderá voltar à vida.

DONA ENCARNAÇÃO TEM UMA REAÇÃO DE DESESPERO E É CONTIDA POR DOM FERNANDO.

Miro: — Vou tentar fortalecer o elo que ainda liga seu espírito à matéria!

Esmeralda: — Eu o ajudo!

Miro: *(Olha para os demais.)*

— Se souberem rezar, rezem. (*Olha para dona Encarnação.*) Mas não quero nenhum pensamento negativo que possa prejudicar o nosso trabalho.

REAÇÃO DE DONA ENCARNAÇÃO.

Miro: *(Firme.)*

— Quem não puder ou não quiser colaborar, por favor, retire-se.

CLIMA GERAL.

DOM FERNANDO AJOELHA-SE.

INÁCIO FAZ O MESMO.

DONA ENCARNAÇÃO PERMANECE EM PÉ, PEGA SEU TERÇO E COMEÇA A REZAR.

MIRO E ESMERALDA SE DÃO AS MÃOS, ENERGIZAM-SE.

DEPOIS ABREM AS MÃOS PARA O ALTO, CAPTANDO ENERGIA ESPIRITUAL.

ESMERALDA DEIXA AS SUAS MÃOS ABERTAS, EM DIREÇÃO A MIRO E CARLOS.

MIRO COLOCA SUAS MÃOS SOBRE CARLOS.

COM MOVIMENTOS PRECISOS, ENERGIZA TODO O CORPO DE CARLOS,

DEPOIS FICA DE OLHOS FECHADOS, EM SILÊNCIO.

ESTREMECE UM POUCO.

CONCENTRA-SE MAIS PROFUNDAMENTE.

DEPOIS DE UM TEMPO, COMEÇA A SENTIR AS SENSAÇÕES QUE CARLOS SENTIA E SE AGITA.

PASSA MAL, SENTE FALTA DE AR.

ESMERALDA DÁ SUPORTE E PROTEÇÃO A ELE, AMPARANDO-O COM AS MÃOS.

MIRO TREME MUITO.

EM SEGUIDA VAI MELHORANDO, MELHORANDO, RESPIRANDO MELHOR, FORTALECENDO-SE.

RESPIRA FUNDO, RECUPERA A ENERGIA, LEVANTA-SE E ABRE OS OLHOS.

Miro: *(Olhando para Carlos, como se estivesse falando com seu espírito.)*

— Não se afaste mais do corpo! Ele ainda precisa permanecer aqui! Que o Deus da vida o ajude! (*Para Esmeralda.*) Está feito! Agora é só aguardar!

O CLIMA FICA AINDA MAIS TENSO.

REAÇÃO DE TODOS, NERVOSOS, ANSIOSOS, MAS CONTIDOS.

DE REPENTE, CARLOS MOVIMENTA-SE.

Carlos: *(Respirando fundo.)*

— Ah... Ah... vida... vida...!

Esmeralda: *(Para Inácio.)*

— Carlos está retornando! Vem... Vem, meu amor... volta!... Vem pra mim!

MIRO COLOCA-SE AO LADO DE ESMERALDA, FAZENDO UMA CORRENTE DE FORÇA.

CARLOS VAI RECOBRANDO OS SENTIDOS.

Esmeralda: — Isso... calma... volte devagar... tranquilo...

CARLOS VAI VOLTANDO A SI.

Carlos: — Onde estou?! Onde estou? O que está acontecendo comigo? (*Começa a tocar seu próprio corpo.*) Estou aqui? Estou aqui de novo?!

CARLOS COMEÇA, ENTÃO, A ENXERGAR DE VERDADE.

VÊ ESMERALDA.

Carlos: — Esmeralda... Esmeralda! É você?

Esmeralda: — Sou eu sim, Carlos! Estou aqui ao seu lado!

CARLOS VÊ TUDO CLARAMENTE AGORA.

Carlos: — Esmeralda!

OS DOIS SE ABRAÇAM APAIXONADAMENTE.

CARLOS VÊ TODOS AO SEU LADO.

Carlos: — Pai... minha mãe... Miro...?

Inácio: — Eu também estou aqui, patrãozinho!

Carlos: — Inácio... (*Meio tonto, nem sabe o que fala, mas fala autoritário*) Onde você estava, sua anta?

INÁCIO FICA MUITO FELIZ E EMOCIONADO.

Inácio: *(Muito feliz.)*

— Meu patrãozinho está com a gente de novo!

Dona Encarnação: — Deus ouviu as nossas preces!

DONA ENCARNAÇÃO VAI ABRAÇAR CARLOS, INTERPONDO-SE ENTRE ELE E ESMERALDA

Dona Encarnação: — Carlos, meu filho, que bom! Que bom!

Dom Fernando: *(Para Miro e Esmeralda.)*

— Agradeço por ter trazido meu filho de volta à vida! (T) Quanto lhe devo?

Miro: — Nada. Nossa missão está cumprida! Acredito que agora podemos ir embora!

Carlos: — Não, não vá embora, Esmeralda! Não me deixe! (*Fica cansado, deita e respira ofegante.*)

FICA UM CLIMA.

Dona Encarnação: — Ah, meu Deus! Carlos precisa ficar bom logo! Dentro de pouco tempo receberá a visita de sua futura esposa e precisa estar bem de saúde para poder recebê-la...como ela merece! Afinal de contas... o casamento dos dois está marcado para breve!

REAÇÃO DE ESMERALDA.

Miro: — Vamos! (*E procura tirar Esmeralda de lá.*)

MIRO E ESMERALDA VÃO SAINDO DO QUARTO.

Carlos: — Esmeralda! Esmeralda! Fique aqui comigo! Não me deixe! (*Sente dor ainda.*) Ai!

Dona Encarnação: — Meu filhinho, você não pode ficar nervoso! Você precisa ficar tranquilo, repousar! Estamos aqui ao seu lado, cuidando de você!

DONA ENCARNAÇÃO FICA ACARICIANDO E BEIJANDO CARLOS.

ESMERALDA PARA E FICA OLHANDO AQUELA CENA.

MIRO ARRANCA ESMERALDA DO QUARTO.

CASTELO DE DOM FERNANDO – SALA OU ESPAÇO NEUTRO.

Esmeralda: — Por que você me tirou de lá? Eu não quero ir embora, Miro. Vou ficar aqui, com Carlos!

Miro: — Nós já fizemos a nossa parte, Esmeralda! Temos de ir!

Esmeralda: — Não! Eu não vou!

Miro: — Vai sim! Será que não percebe que este lugar não é pra você? Não sente o peso dessas paredes? Este lugar está infestado de sombras!

Esmeralda: — Eu sei... Mas sinto que se eu me afastar de Carlos agora, nossas vidas serão separadas!

Miro: — Se Carlos a ama, irá ao seu encontro no acampamento! Vamos embora, Esmeralda! Este castelo está cheio de ódio, de vingança, e sabe Deus o que ainda vem pela frente!

Esmeralda: — O que vai acontecer? Você sabe ou viu alguma coisa?

Miro: — Não! Só vejo que aqui você não será feliz! Venha comigo, Esmeralda, eu peço!

Esmeralda: — Por que quando duas pessoas se amam, não têm o direito de ser felizes?

Miro: — Porque, às vezes, existe um mesmo amor, mas realidades diferentes!

Esmeralda: — Eu não fui feita para me conformar com isso! Eu amo Carlos! (*Repete alto, como se quisesse ser ouvida.*) Eu amo Carlos e ele me ama!

Miro: — Pare com isso, Esmeralda, tenha dignidade! Quer ser ainda mais humilhada pela mãe de Carlos?

Esmeralda: *(Num ímpeto.)*

— Vamos embora duma vez! Isto aqui cheira a podre! (*E sai.*)

MIRO SAI EM SEGUIDA.

SURGEM AS TRÊS CIGANAS.

PASSAGEM DE TEMPO.

CASTELO DE DOM FERNANDO – SALA.

DURANTE A PERFORMANCE DAS TRÊS CIGANAS, A CRIADAGEM VAI ARRUMANDO TUDO, ENFEITANDO A SALA COM FLORES E BORRIFANDO PERFUME NO AMBIENTE.

Sura: — O tempo passou.

Mina: — Carlos se recuperou.

Cigana: — E a distância entre ele e Esmeralda aumentou.

Sura: — Carlos sentiu-se só, abandonado.

Mina: — Pensou que Esmeralda o tivesse deixado de lado.

Cigana: — É ... o destino aprontou!

Mina: — E, mais uma vez, do nobre, a cigana se separou.

Cigana: — Destino danado! Não teve cuidado!

Mina: — Deixou um amor tão ardente... inacabado!

ENTRA DONA ENCARNAÇÃO, VESTIDA COM UMA ROUPA DE CORES ALEGRES.

AS TRÊS CIGANAS DESAPARECEM.

Dona Encarnação: — Muito bem! Quero tudo reluzindo, para receber minha futura nora!

INÁCIO VAI PASSANDO COM UMA BANDEJA, CÁLICE E LICOR.

Dona Encarnação: — Aonde você vai com isso?

Inácio: — Levar para dom Carlos, no alpendre!

Dona Encarnação: — Ele está limpo, barbeado, de banho tomado?

Inácio: — E com roupa de linho!

Dona Encarnação: — Ótimo! Quero que ele receba sua futura esposa com toda a pompa que ela merece! (*E afasta-se.*)

Inácio: *(Enche o cálice meio escondido e brinda.)*
— Então... um brinde à futura esposa de meu patrãozinho... dona Maria De Hernandez y Velasquez! Ou será que é de Velasquez y Hernandez?

MARIA É REVELADA NO PALCO.

MARIA É LOIRA, OLHOS AZUIS, MUITO BONITA. ESTÁ COM UM VESTIDO LEVE, VAPOROSO, DE COR CLARA E TRAZ UM LIVRO NA MÃO.

Maria: — Ficamos imensamente felizes com o convite! Meus pais tinham compromissos pendentes e tiveram de adiar a vinda. Mas eu vim fazer as vezes da família e é um prazer enorme estar aqui! Sempre ouvi falar maravilhas deste lugar!

Dona Encarnação: — Fez boa viagem, minha filha?

Maria: — Excelente! O dia esteve lindo todo o tempo, muito verde e muitas flores pelo caminho!

DONA ENCARNAÇÃO PEGA MARIA PELA MÃO E A LEVA ATÉ CARLOS.

ALPENDRE DO CASTELO DE DOM FERNANDO.

Dona Encarnação: — Carlos, meu filho, veja só quem acabou de chegar!

Carlos: — Como vai, Maria! Desculpe se não levanto.

Maria: — Não se preocupe.

Dona Encarnação: — Carlos ainda está convalescendo. Depois de dois meses acamado, é a primeira vez que sai do quarto para ver a luz do sol!

Maria: — Soube do ocorrido. Espero que se restabeleça logo! (*Estende um livro para ele.*)

É para você! Um livro de poesias. Espero que goste!

Carlos: — Vou gostar, com certeza! Obrigado! Aceita tomar um licor?

Maria: — Não, obrigada.

SARITA, CRIADA DE MARIA, APROXIMA-SE.

INÁCIO FICA VIDRADO NELA, É AMOR À PRIMEIRA VISTA.

Sarita: — Com licença. Dona Maria, seu banho está preparado!

Maria: — Obrigada, Sarita! (*Para os outros.*) Se permitem, vou banhar-me em meus aposentos. A estrada estava um pouco empoeirada!

Dona Encarnação: — Mas é claro! Eu a acompanho!

Maria: *(Para carlos.)*
— Com sua licença...

SAEM.

Inácio: *(Embevecido.)*
— Que muchachita guapa, patrãozinho! Que belezinha!

Carlos: — Que intimidades são essas, hein, Inácio? Ponha-se no seu lugar! Maria não é para o seu bico!

Inácio: — Não estou falando de dona Maria, mas de sua criada... (*Saboreia o nome.*) Sarita! Nunca vi cabelos tão bonitos, olhos tão profundos, pele tão linda, pernas tão...

Carlos: — Pare com isso! Enlouqueceu? A moça não ficou aqui nem um segundo!

Inácio: — Mas foi um segundo fulminante! Balançou meu coração! (T). O patrãozinho conhece bem essas coisas do amor, que acontecem assim... de repente!

CARLOS DÁ UM SUSPIRO PROFUNDO.

ABAIXA A CABEÇA. ESTÁ DEPRIMIDO.

Inácio: — Não se sente bem, patrãozinho?

Carlos: — Sonhei com Esmeralda a noite inteira! Quando acordei, cheguei a sentir seu perfume no quarto! Por que ela me abandonou, Inácio? Por que foi embora sem me dizer nada?

Inácio: — Dizem que os ciganos amam a liberdade...

Carlos: — Mas ela me amava também! E muito!

Inácio: — É... (T) Mas está na hora de o patrãozinho ficar alegre! Ventos novos vão levar a tristeza deste lugar!

INÁCIO FAZ UM AFAGO DE AMIGO EM CARLOS PARA LHE DAR ÂNIMO.

UM LUGAR MAIS AFASTADO DO ACAMPAMENTO – EXTERIOR.

ESMERALDA SENTADA, SOZINHA.

DE REPENTE LEVANTA-SE E, NUM MOVIMENTO BRUSCO, TEM UM GESTO DE DESESPERO E COMEÇA A CHORAR.

SURGE MIRO, COMO SE ESTIVESSE À PROCURA DELA.

MIRO APROXIMA-SE DELA E A ENVOLVE NUM ABRAÇO FRATERNO.

Miro: — Não posso mais vê-la assim, Esmeralda! Não é possível que uma mulher forte, uma cigana cheia de vida como você, fique nessa tristeza, nessa melancolia!

Esmeralda: — Miro, me deixe! Quero ficar sozinha!

Miro: — Não, não e não!

Esmeralda: — Sou a mulher mais infeliz do mundo! Não sei por que me aconteceu isso!

Miro: — Isso acontece com todos os mortais! Acha que é a única a sofrer por amor?

Esmeralda: *(Muda do choro para a raiva.)*
— Não estou falando de amor! Estou falando de gravidez! (T) Estou esperando um filho de Carlos!

Miro: — Um filho de...?!

Esmeralda: — Por que foi acontecer isso comigo, Miro? Por quê?

Miro: — Uma criança é uma dádiva dos céus!

Esmeralda: — Não para mim, nesta situação!

Miro: — Tenho certeza de que Carlos ficará muito feliz com a notícia!

Esmeralda: — Não! Não quero esse filho! Estou pensando em pedir a Mina que me dê uma beberagem pra arrancar essa criança de meu ventre!

Miro: — Não faça isso, Esmeralda! Não abuse das forças da vida! Se esse filho foi concebido, deixe-o vir!

Esmeralda: — Não! Eu não estou preparada para ser mãe. Essa criança vai atrapalhar tudo, será que você não entende? Se Carlos voltar, essa criança vai interferir em nossa vida. E se ele não voltar... não quero um filho que me faça lembrar dele!

Miro: — Esmeralda, tudo na vida tem seu preço. Se você ama Carlos, receba esse filho com amor. Ele vai ser seu apoio e consolo no futuro!

Esmeralda: — Não quero! Carlos vai voltar e vamos viver juntos, só nós dois! Não preciso de mais ninguém!

Miro: — Você não conhece o futuro. Não alimente sua fantasia!

ESMERALDA AGARRA COM FORÇA O BRAÇO DE MIRO.

Esmeralda: — O que você sabe? Carlos não vai voltar?

Miro: — Carlos ainda tem um longo caminho a percorrer... longe de você.

Esmeralda: — Longe de mim... (T) Então ele já tem outra mulher?

Miro: — Ainda não. Mas a força da vida leva cada um para onde deve ir e ele a encontrará. E terá de escolher!

Esmeralda: — A felicidade dele está comigo!

Miro: — Se estiver... você será o caminho! O que tiver de ser será!

Esmeralda: — Miro, eu jamais vou admitir que Carlos tenha outra mulher! Jamais! Esmeralda não aceita traição!

E SAI, QUASE CORRENDO.

MIRO VAI ATRÁS DELA.

CASTELO DE DOM FERNANDO – ALPENDRE – EXTERIOR.

É NOITE. CÉU ESTRELADO E ENLUARADO.

CARLOS SENTADO NUMA CADEIRA, COM AS PERNAS ESTENDIDAS NUMA BANQUETA.

MARIA TERMINANDO DE LER UMA POESIA DO LIVRO QUE TROUXE DE PRESENTE PARA CARLOS.

Maria: — "O cego começa a ver após o primeiro amor. Vê a natureza e, dolorosamente, nota com grande fervor que ficou cego novamente, mas agora, cego de amor..."

Carlos: — É... o amor, às vezes, deixa a gente cego...

Maria: — Bem... já é tarde. Você precisa descansar.

Carlos: — Não, por favor! Fique mais um pouco! Não vou conseguir dormir agora!

Maria: — Acho que acabei perturbando o seu sono com as minhas poesias!

Carlos: — De jeito nenhum! As poesias que você leu me fizeram muito bem!

Maria: — Fico contente com isso.

Carlos: — Você gosta muito de ler, não é verdade?

Maria: — Muito! E você?

Carlos: — Sou um péssimo leitor! (T) Falta de estímulo! (T) Quem sabe agora, com você por perto, eu me anime!

Maria: — Trouxe alguns livros comigo. Quem sabe, possamos ler juntos todas as manhãs!

Carlos: — Eu gostaria muito!

Maria: — Eu também!

UM CLIMA LEVE, GOSTOSO ENTRE OS DOIS.

Carlos: *(Rindo da situação.)*

— Este mundo é muito incrível!

Maria: — Por que diz isso?

Carlos: — Porque... é tudo muito inesperado! De manhã eu me sentia a última das criaturas! E agora à noite... estou começando a ser feliz de novo!

OS DOIS RIEM ALEGRES.

CASTELO DE DOM FERNANDO – SALA.

Dona Encarnação: *(Olhando em direção ao alpendre.)*

— Parece que eles estão se entendendo! Graças a Deus! (*Para Dom Fernando.*) Ah... Nem acredito! Passei noites em claro, só de pensar em meu filho envolvido com uma cigana! Carlos é um nobre e precisa ter uma esposa à sua altura. Maria e ele farão um bom casamento!

Dom Fernando: — Vou recolher-me, já é tarde!

OUVEM-SE GRITOS APAVORADOS LÁ FORA.

UMA CRIADA ENTRA NA SALA APAVORADA.

Criada: — Dom Fernando... Dom Fernando!... Eu vi... Eu vi...

(E CHORA COMPULSIVAMENTE, SEM CONSEGUIR FALAR.)

ENTRA O MARIDO DA CRIADA.

Criado: — Perdão, Dom Fernando! Perdão, dona Encarnação! Vamos pra casa, não foi nada! Vamos logo!

CRIADA RELUTA EM IR E CHORA.

Dom Fernando: *(Para a criada.)*

— O que foi que você viu? Fale!

Criado: — Nada não, Dom Fernando. É imaginação dela! Vamos embora, mulher!

Criada: — Eu vi! Eu o vi lá fora, no jardim, do lado de nossa casa! O homem que feriu dom Carlos e que Inácio matou!

Dom Fernando: — Dom Fabrício? Ele está morto, enterrado!

Criada: — Não! Ele estava lá fora, no jardim, juro! Depois foi em direção ao porão. (*Para dona Encarnação.*) Por favor, dona Encarnação, deixe eu dormir aqui dentro esta noite! Estou morrendo de medo!

Dona Encarnação: — Calma! Você deve ter sonhado!

Criada: — Eu não estava dormindo, senhora! Eu vi! E não fui só eu que vi, não! Ele está lá em baixo! Todo horrível!

Dom Fernando: *(Para o criado.)*

— Amanhã, logo cedo, reúna alguns homens. Vamos examinar o porão.

Criado: — Sim, senhor.

Dom Fernando: — Podem dormir na edícula, aqui nos fundos, por hoje.

Criada: — Obrigada, senhor! Muito obrigada!

CRIADOS SAEM.

Dona Encarnação: — O que será que ela viu?

Dom Fernando: — Não viu nada! Os mortos não voltam! (T) Amanhã abriremos o porão e acabaremos com qualquer cisma!

Dona Encarnação: — Vou mandar rezar sete missas seguidas em favor da alma de Fabrício! E vou mandar o padre vir benzer o castelo! (T) Eu sabia que não daria certo esses ciganos ficarem fazendo feitiçaria aqui dentro! (*Sente um arrepio.*) Ai... Deus me livre e guarde!

FAZ O SINAL DA CRUZ, DEPOIS O SINAL DA SANTA CRUZ.

PASSAGEM DE TEMPO.

EXTERIOR.

MARIA E CARLOS ANDANDO PELO JARDIM.

CARLOS BEM RECUPERADO, ANDANDO BEM MELHOR, SÓ UM POUCO APOIADO NUMA BENGALA.

Carlos: *(Respira fundo.)*

— Ah... que dia lindo! Como estou me sentindo bem!

Maria: — Como é lindo o sol banhando este verde todo, não? (T) Vou sentir falta deste lugar quando for embora! (T) Semana que vem vou voltar para casa!

Carlos: — Já?!

Maria: — Já estou há muito tempo aqui! Meus pais estão reclamando a minha presença em casa!

CARLOS, NUM IMPULSO.

Carlos: — Não quero que você vá embora, Maria!

Maria: — O quê?

Carlos: — Não quero que você vá embora! Não saberia mais viver sem você!

MARIA NÃO SABE O QUE DIZER.

Carlos: — Você trouxe luz à minha vida! Fez-me renascer, reviver, ser um homem novo!

Não sei o que seria de mim sem a sua bondade, sua dedicação, sua doçura! Não quero mais separar-me de você. Eu a amo, Maria!

MARIA NÃO SABE O QUE DIZER.

TAMBÉM ESTÁ COMPLETAMENTE ENVOLVIDA POR ELE.

Maria: — Você não está confundindo seus sentimentos? Não está confundindo gratidão com amor?

Carlos: — Não. Eu nunca senti isso por ninguém. Já tive outros amores, é verdade; outras paixões, mas nada que pudesse se comparar com o que eu sinto por você. Você... é a alegria de minha vida! Eu me sinto feliz ao seu lado! Isso é amor! Tenho certeza. Isso é amor!

CARLOS PEGA LENTAMENTE AS MÃOS DE MARIA E AS BEIJA, DEPOIS BEIJA SUA FACE, SEUS OLHOS E LHE DÁ UM BEIJO APAIXONADO.

ÁLVARO APROXIMA-SE DOS DOIS REPENTINAMENTE.

Álvaro: — Acho que vim numa hora errada!

OS DOIS ASSUSTAM-SE E LEVANTAM-SE.

Carlos: — Álvaro! Mas que visita inesperada!

Álvaro: — Inesperada mesmo, pelo visto! (*Para Carlos.*) Pensei que fosse encontrá-lo com o pé no túmulo! Mas parece que você está muito bem! Aliás, vocês estão muito bem! (*Para Maria.*) Como tem passado prima?

Maria: — Muito bem, obrigada.

Álvaro: — Fui a Madrid fazer-lhe uma visita, e seus pais disseram-me que estava aqui em Valência, há mais de um mês!

Carlos: — Sua prima é a grande responsável pela minha melhora!

Álvaro: — Estou vendo! Disseram-me que o acidente foi grave, mas pelo que posso ver, você está ótimo!

Carlos: — Estou mesmo! Melhor impossível!

FICA UM CLIMA ENTRE OS TRÊS.

Maria: — Se me dão licença, vou preparar-me para o almoço. (*E sai.*)

Álvaro: *(Direto.)*

— Quer dizer que você largou da cigana e resolveu investir em minha mulher?

Carlos: — Sua mulher?! Desde quando?

Álvaro: — Desde sempre! Eu não contei pra você que estava loucamente apaixonado por ela?

Carlos: — Contou! Mas não disse se a recíproca era verdadeira!

Álvaro: — E como posso saber? Eu não tive coragem, nem oportunidade para revelar a ela a minha paixão!

Carlos: — Não quero ser considerado mau amigo! Aqui, você terá oportunidade e liberdade para falar a Maria de seu amor. Se ela lhe corresponder... prometo que saio do caminho! (T) Eu já me declarei! Faça o mesmo! Tenho certeza de que vai saber escolher quem é o melhor para ela!

Álvaro: — Eu sou o melhor para ela!

Carlos: — Pois eu penso o mesmo! O melhor para ela sou eu!

OS DOIS ENCARAM-SE.

CHEGA INÁCIO.

Inácio: — Com licença, meu amo! O senhor seu pai o chama com urgência ao Salão de Administração!

Carlos: — Estou indo. (*Para Álvaro.*) Fique à vontade em nossa casa, Álvaro. Logo mais o aguardaremos para o almoço. (*E sai com Inácio.*)

Álvaro: — Não... Isso não vai ficar assim! Não sou homem de ser passado para trás!

SALA DE ADMINISTRAÇÃO DO CASTELO.

DOM FERNANDO DÁ ORDENS PARA O MESMO CRIADO QUE, NA NOITE ANTERIOR, FORA COM SUA MULHER AO CASTELO.

Dom Fernando: *(Para o criado.)*

— Está claro, fiz-me entender? Não quero mais nenhum comentário sobre fantasmas aqui no castelo! Avise bem sua mulher! Se ela continuar disseminando medo entre os colonos, vocês dois serão despedidos sem complacência!

Criado: — Prometo que ela não vai mais abrir a boca sobre esse assunto, dom Fernando!

Dom Fernando: — Assim espero! Nunca mais quero ouvir uma palavra sequer sobre essa história absurda!

CARLOS ENTRA.

Dom Fernando: — E quero ver as janelas daquele porão muradas ainda hoje! Você é responsável por isso! (T) Pode ir!

CRIADO SAI.

Carlos: — Por que está mandando murar as janelas do porão, meu pai?

Dom Fernando: — Para enterrar de vez essa história triste que nos aconteceu.

Esses colonos ignorantes resolveram inventar que estão vendo fantasmas lá dentro! (T) Mas esse é um assunto encerrado! Quero falar com você sobre... Maria. É uma moça de muito boa índole, cheia de virtudes...

Carlos: — Também acho, meu pai! Maria é preciosa!

Dom Fernando: — Seria de meu gosto que se casasse com ela!

Carlos: *(Assustado.)*

— Casar?!

Dom Fernando: — E por que não? Já passou da idade de assumir a responsabilidade de um casamento!

Carlos: — Pai... eu... gosto muito de Maria, mas ainda não estou pensando em me casar.

Dom Fernando: — Então... comece a pensar desde já, que não é sem tempo! Queremos ver você casado o quanto antes! (T) Vamos almoçar? Meu estômago está roncando (*E vai saindo.*)

CARLOS AINDA FICA ALI, UM POUCO PENSATIVO, E DEPOIS SAI TAMBÉM.

CASTELO DE DOM FERNANDO – SALA.

Álvaro: — Fiquei muito contente por encontrá-la aqui, Maria! Todas as vezes que estive em sua casa, nas festas familiares, ensaiei para falar com você, mas... sinceramente, faltou-me coragem.

MARIA OLHA PARA ELE, INTRIGADA.

Álvaro: — Maria... Somos primos de segundo grau, temos tido um relacionamento formal, de família... Gostaria imensamente que nossas relações se estreitassem...

Maria: — Mas é claro, por que não? Tenho muita estima por você, Álvaro!

Álvaro: — Mas eu não quero só a sua estima, quero o seu amor!

MARIA TEM UM SOBRESSALTO.

Maria: — Amor?

Álvaro: — Maria, eu a quero! Há muito tempo! Sou louco por você!

ÁLVARO TENTA ABRAÇÁ-LA E BEIJÁ-LA.

Maria: — Álvaro, não. Não!

MARIA DESVENCILHA-SE DELE.

Maria: — Nunca mais faça isso, por favor! Você não tem o direito de me agarrar desse jeito! Respeite-me e respeite este lugar, onde somos hóspedes!

Álvaro: *(Faz drama.)*

— Perdão, perdão! Mil perdões! Não sei como isso pôde acontecer, perdi a cabeça, me descontrolei! (T) A verdade é que eu não posso aceitar a ideia de vê-la entregue a um homem como Carlos! Imaturo, egoísta, volúvel.

Maria: — Carlos é uma pessoa de respeito!

Álvaro: — Não é não! Eu o conheço desde criança! Sei muito bem quem ele é! Adora testar sua capacidade de conquista com as mulheres. E depois que consegue o que quer, enjoa e vai embora! Foi assim que ele fez com Esmeralda!

Maria: — Esmeralda?!

Álvaro: — É. Uma pobre cigana que teve a infelicidade de cair em suas tramas!

MARIA TEM UM IMPACTO E DEPOIS SE RECOMPÕE.

Maria: — O passado de Carlos não me interessa, Álvaro!

Álvaro: — Mas ele vai acabar fazendo a mesma coisa com você, eu sei!

Maria: — Por favor, Álvaro, não quero ouvir mais nada!

DOM FERNANDO E CARLOS ENTRAM.

Dom Fernando: — Álvaro! Como vai? Soube que estava aqui, queria vir cumprimentá-lo, mas tive de resolver uns assuntos de administração antes!

Álvaro: — Estou muito bem! E como andam as coisas por aqui?

Dom Fernando: — Passamos por maus momentos. Carlos, principalmente! Mas agora já está tudo bem, melhor do que nunca! Temos até uma novidade muito interessante para lhe contar! Carlos e Maria, sua prima, vão se casar!

CONSTRANGIMENTO GERAL.

Álvaro: — É mesmo?

Dom Fernando: — Pois, então! Agora, além de bons amigos, vocês também serão primos! Não é uma beleza isso? (T) Não vejo a hora de ser vovô! (*Dom Fernando ri, feliz da vida.*) Vamos almoçar? (*E sai.*)

CLIMA GERAL.

PASSAGEM DE TEMPO.

ACAMPAMENTO DE CIGANOS – EM VALÊNCIA.

LIGEIRO MOVIMENTO NO ACAMPAMENTO.

A CARROÇA DE ESMERALDA EM PLANO DE DESTAQUE.

SURGEM AS TRÊS CIGANAS E CANTAM.

Sura: Saudade é dor no meu peito
Ausência de calor em meu leito
Lembrança de alguém tão distante
Desejo de amor incessante

Mina: Ai, como dói
Ai, me destrói
Esse ardor que só encontra o vazio
É um desejo tão frágil e tardio

Cigana: Não sei viver
Sem mais te ver
É tristeza que vem e devasta
Solidão que sufoca e que mata

Mina: Ai, como dói
Ai, me destrói

As três cantam o refrão: Ai, como dói
Ai, me destrói

ESMERALDA SAI DA CARROÇA. ESTÁ PARA DAR À LUZ.

Esmeralda: *(Furiosa.)*

— Parem com essa cantoria! Quero dormir e não consigo com essa gritaria! (*E entra, fechando a cortina.*)

OS CIGANOS OLHAM-SE E PARAM IMEDIATAMENTE.

Cigana: — Foram suas únicas palavras no dia de hoje!

Cigano: — É... o negócio não vai nada bem. O espertalhão sumiu mesmo, não?

Cigana: — O que ela podia esperar de um sujeito rico e poderoso, a não ser humilhação?

Cigano: — É... Agora quero ver como é que ela vai arranjar-se.

Cigana: *(Irritada.)*

— Nove meses mofando aqui em Valência, por causa da madame! Miro acostumou mal Esmeralda. É tudo para ela. Tudo por ela!

ÁLVARO APARECE NO ACAMPAMENTO.

ESTÁ VESTIDO PARA O CASAMENTO DE CARLOS E MARIA.

APROXIMA-SE DOS CIGANOS.

Álvaro: — Quero falar com Esmeralda.

Cigano: — Hi... Acho melhor voltar outro dia. Esmeralda não quer saber de ninguém hoje!

Álvaro: — É da maior urgência o que preciso falar com ela! Sou primo de Carlos.

OS CIGANOS ENTREOLHAM-SE.

O CIGANO LEVANTA E VAI ATÉ A PORTA DA CARROÇA.

Cigano: *(Grita)*

— Esmeralda! Esmeralda!

ESMERALDA SURGE NO ALTO DA CARROÇA.

Esmeralda: — Que gritaria é essa?! Estão querendo me deixar... (*Dá de cara com Álvaro.*)

ÁLVARO FICA SURPRESO AO VÊ-LA GRÁVIDA.

Álvaro: — Esmeralda, preciso falar urgente com você. Não sei se você se lembra de mim... Já estive no seu acampamento, em Madrid. Sou Álvaro, primo de Carlos.

Esmeralda: *(Fala rispidamente.)*

— Não quero ouvir falar de Carlos. Vá embora!

Álvaro: — Eu sei que você não quer ouvir falar daquele infame, mas é assunto de seu interesse!

ESMERALDA, VENDO O TRATAMENTO DADO POR ÁLVARO A CARLOS, FICA INTERESSADA.

Esmeralda: *(Faz sinal para os ciganos se afastarem.)*

— Não quero ninguém por perto! Esse assunto é só meu!

OS CIGANOS AFASTAM-SE.

Esmeralda: *(Para Álvaro)*

— Entre!

ÁLVARO ENTRA NA CARROÇA.

LUZ FECHA NO INTERIOR DA CARROÇA.

Esmeralda: — O que você tem a me dizer? Ande logo!

Álvaro: — Antes... me responda... Você está esperando um filho de...

Esmeralda: *(Corta em cima.)*

— Não interessa! Se veio aqui pra fazer perguntas, pode sair!

Álvaro: — Esmeralda... Carlos se casa hoje com minha prima Maria!

Esmeralda: *(Primeiro tem uma forte reação e depois se recompõe.)*

— E o que me importa isso? Ele que se case com quem quiser!

Álvaro: — Ele roubou Maria de mim! Nos estávamos apaixonados, íamos nos casar e ele, sem o menor escrúpulo, tomou-a de mim!

Esmeralda: — E o que eu tenho a ver com isso?

Álvaro: — Somos duas pessoas machucadas, humilhadas pelo mesmo indivíduo sem caráter e sem moral! Temos de fazer alguma coisa! Impedir esse casamento!

Esmeralda: *(Começa a gostar da ideia.)*

— Impedir o casamento? Como?

Álvaro: — Indo até seu castelo imediatamente e contando toda a verdade para a família inteira! Que ele foi um sem-vergonha, um cafajeste que nos enganou, iludiu e traiu! Vamos acabar com a festa! Ele não pode ficar impune! Tem de ser desmascarado, castigado!

Esmeralda: *(Agora extravasa a raiva contida.)*

— Maldito! Mil vezes maldito! Não perde por esperar! Ninguém despreza Esmeralda! Ninguém! (T) Vamos!

OS DOIS DESCEM RÁPIDO DA CARROÇA.

MIRO APROXIMA-SE.

Miro: — Aonde você vai Esmeralda?

Esmeralda: — Acertar contas com aquele bandido!

Miro: — Quem?

Esmeralda: — Carlos! Ele pensa que vai se casar hoje! Mas eu vou lá e vou impedir mais essa trapaça dele! (*Para Álvaro.*) Vamos rápido!

Miro: — Você não pode viajar desse jeito! Está prestes a dar à luz!

Esmeralda: — Se eu perder este filho, melhor! Não quero um filho bastardo! (*Para Álvaro.*) Vamos duma vez! Carlos vai ver que com Esmeralda não se brinca!

Miro: — Você não vai!

O ACAMPAMENTO AGITA-SE COM A DISCUSSÃO.

Esmeralda: — Vou! Ninguém vai me impedir!

MIRO A SEGURA.

Miro: — Você não vai sair daqui, isso é loucura!

Esmeralda: — Largue-me, Miro! Eu vou! Eu vou! Largue-me!

ESMERALDA SENTE-SE MAL E QUASE PERDE OS SENTIDOS.

Miro: — Depressa, ajudem aqui!

OS CIGANOS AJUDAM ESMERALDA, QUE AINDA TENTA REAGIR E DEPOIS DESMAIA, E É LEVADA PARA DENTRO DA CARROÇA.

FICAM MIRO, E ÁLVARO.

Miro: — Quem é você, que veio instilar tanto ódio no coração de Esmeralda?

Álvaro: — Sou mais uma vítima de Carlos! Lamento o que aconteceu. Não sabia da gravidez de Esmeralda. Agora desprezo ainda mais esse amigo canalha que a natureza me deu! Vou ver se ainda consigo impedir a farsa daquele casamento! Prometo trazer notícias! (*E sai apressado.*)

ESMERALDA GRITA DE DOR DENTRO DA CARROÇA.

CENAS SIMULTÂNEAS:

CASTELO DE DOM FERNANDO E ACAMPAMENTO DOS CIGANOS – EM VALÊNCIA.

AS CENAS ACONTECEM SIMULTANEAMENTE .

A CERIMÔNIA DE CASAMENTO DE CARLOS E MARIA NO CASTELO, E A AGITAÇÃO NO ACAMPAMENTO, COM ESMERALDA DANDO À LUZ.

NO CASTELO.

OS GRITOS DE ESMERALDA INVADEM O INÍCIO DA CENA.

INÍCIO DA CERIMÔNIA DE CASAMENTO DE CARLOS E MARIA.

AS FAMÍLIAS DOS NOIVOS PRESENTES.

LUXO E BOM GOSTO NOS DETALHES.

NO ACAMPAMENTO.

ESMERALDA SENTINDO AS DORES DO PARTO.

OS CIGANOS TRAZENDO BALDES DE ÁGUA QUENTE E PANOS

PARA A CARROÇA.

CORRERIA PARA AMPARAR ESMERALDA DANDO À LUZ.

NO CASTELO.

A CERIMÔNIA DE CASAMENTO SEGUE COM TODA A POMPA.

NO ACAMPAMENTO.

ESMERALDA ESTÁ PRESTES A DAR À LUZ E OS CIGANOS, AGORA, COMEÇAM A FAZER UMA CORRENTE LIDERADA POR MIRO.

CONCENTRAM-SE, MENTALMENTE, PARA AJUDAR.

ATRAVÉS DA COBERTURA DA CARROÇA, VEEM-SE AS SOMBRAS DE MINA E DAS CIGANAS, AJUDANDO NO TRABALHO DE PARTO.

NO CASTELO.

ÁLVARO ENTRA.

O padre: *(Declara firme e bem audível.)*

— E, sob as bênçãos do Senhor Todo Poderoso, eu vos declaro marido e mulher! Amem-se muito e constituam uma família feliz!

OS NOIVOS SE BEIJAM.

ÁLVARO DESTACA-SE DENTRE OS CONVIDADOS, DEPRIMIDO.

NO ACAMPAMENTO.

ESMERALDA DÁ À LUZ.

NO INTERIOR DA CARROÇA, ATRAVÉS DA COBERTURA, NUM EFEITO BONITO E PLÁSTICO, VÊ-SE A SILHUETA DE UM BEBÊ SENDO LEVANTADO E CHORANDO EM SEGUIDA.

MINA SAI DA CARROÇA E DÁ A NOTÍCIA A TODOS.

Mina: — É uma menina! É linda! E vai se chamar Isadora!

TODOS COMEMORAM A CHEGADA DE ISADORA COM FRASES:

"Bem-vinda, Isadora"!

"Isadora, você vai ser uma cigana e tanto!"

"Isadora vai ser linda igual à mãe!"

(SALIENTAR BEM O NOME "ISADORA".)

PASSAGEM DE TEMPO – DEZOITO ANOS DEPOIS.

SURGEM AS TRÊS CIGANAS.

Mina: — Esmeralda não quis saber de Isadora. Pediu que a levassem embora.

Sura: — Era uma menina linda! Mistura de nobre e cigana.

Cigana: — Álvaro a levou. E seu tutor se tornou.

Mina: — Para Consuelo pediu um favor.

Sura: — Cuidar da criança em segredo.

Cigana: — Com cuidado, mas com desapego.

Sura: — Consuelo, humilde, aceitou.

Mina: — Isadora virou criada!

Sura: — Serviçal do castelo de Maria.

Cigana: — Que ironia!

Mina: — Para Álvaro, era carta marcada.

Sura: — Que um dia, ainda poderia ser usada.

Cigana: — Contra Carlos, um nobre.

Sura: — E sua filha bastarda!

ISADORA É REVELADA – JÁ MOÇA – PERTO DOS DEZOITO ANOS.

Sura: — Quase dezoito anos! Isadora cresceu!

Mina: — E talvez, também por ironia...

Cigana: — Com o filho de Carlos, Maria se envolveu.

JOSÉ É REVELADO, JÁ MOÇO – DEZESSETE ANOS.

Mina: — Isadora e José.

ISADORA E JOSÉ APROXIMAM-SE E SE TOCAM.

Sura: — Outro amor proibido.

Mina: — Que destino atrevido!

ISADORA E JOSÉ ACARICIAM-SE.

A PARTIR DAQUI, TODOS OS PERSONAGENS QUE JÁ APARECERAM E QUE TORNARÃO A APARECER ESTARÃO DEZOITO ANOS MAIS VELHOS.

ENTRA CONSUELO.

Consuelo: — Isadora! Estou esperando a roupa pra passar!

Isadora: — Estou terminando de recolher!

Consuelo: — Como vai, seu José?

José: — Bem, obrigado.

Consuelo: — Não sabia que já estava em Madrid!

José: — Cheguei ontem à noite, com minha mãe. (T) E como andam as coisas por aqui, dona Consuelo?

Consuelo: — Seu avô está mal. Ontem quase Deus o chamou!

José: — Eu sei. (T) Vou subir. Com licença, dona Consuelo. Até mais Isadora!

Isadora: — Até mais!

JOSÉ SAI.

Consuelo: — Quantas vezes eu tenho de dizer que não quero vê-la conversando com esse rapaz?

Isadora: — Por que eu e José não podemos ser amigos? Por quê? Porque ele é rico e eu sou pobre?

Consuelo: — Não diga que é pobre, isso é uma blasfêmia! Você tem tudo o que necessita aqui, inclusive uma boa educação! Por isso precisa manter-se no seu lugar de respeito!

Isadora: — José nunca me desrespeitou! Isso é uma injustiça!

Consuelo: — Chega de rebeldia, Isadora! Se você insistir nessa história, serei obrigada a chamar seu tio Álvaro aqui e contar tudo a ele!

Isadora: — Não, Consuelo, por favor! Não faça isso!

CASTELO DE DOM FERNANDO – PORÃO.

MATILDE, FILHA DE CARLOS E MARIA, PUXA SARITA PELA MÃO.

MATILDE TEM QUINZE ANOS.

Matilde: — Venha Sarita, não tenha medo!

Sarita: — Não, por favor, menina Matilde! Morro de medo de fantasma!

Matilde: — Mas não tem nada aqui! Olhe só! Meu avô mandou murar todas as janelas!

SARITA, MORRENDO DE MEDO, OLHA TUDO.

Matilde: — Foi aqui que meu tio Fabrício quase matou meu pai, não foi?

Sarita: — Foi. E pelo que ouvi falar, esse tio Fabrício não valia nada!

Matilde: — Não valia mesmo! Por isso a mulher dele fugiu com um padre! Padre Gervásio!

Sarita: — Dizem que ele largou a batina e, hoje, dá tudo do bom e do melhor pra ela!

Matilde: — Ouvi meu pai dizer que eles tiveram seis filhos!

Sarita: — Nossa! O padre não perdeu tempo!

OUVE-SE UM BARULHO.

Sarita: — É o fantasma! Vamos sair daqui!

MAIS BARULHO DE COISAS SE QUEBRANDO.

Sarita: — Vamos! Vamos, depressa!

MATILDE CAI, COMO SE TIVESSE SIDO EMPURRADA VIOLENTAMENTE,

SARITA VAI AJUDÁ-LA A LEVANTAR-SE.

O BARULHO TORNA-SE MAIS FORTE AINDA, MATILDE VÊ ALGUMA COISA E COMEÇA A GRITAR.

Matilde: — Ai! (*Como se tivesse alguém batendo nela.*) Não! Não! Ai! Ai! (*E desmaia.*)

Sarita: *(Apavorada.)*

— Menina Matilde! (*Começa a gritar.*) Socorro! Socorro!

ENTRAM DOIS CRIADOS.

Sarita: — Tirem a menina daqui, depressa!

OS CRIADOS VÃO CARREGANDO MATILDE.

SARITA SEGUE ATRÁS APAVORADA, BENZENDO-SE.

CASTELO DE DOM FERNANDO – SALA.

NERVOSISMO GERAL.

Inácio: — A menina Matilde está em estado de choque, patrão! (T) O senhor não viu como ela descreveu seu tio Fabrício direitinho? Ela o viu sim, pode acreditar! E ele veio lá do além! Se alguma coisa não for feita, logo... não sei não... (T) Vamos chamar Miro, meu amo!

Carlos: — Miro? Miro, o cigano?

Inácio: — Ele mesmo, meu amo! Eles estão acampados aqui perto, eu vi!

Carlos: — Mas o que você está me propondo? Que depois de tantos anos eu volte ao acampamento cigano e, sem mais nem menos, peça a ajuda de Miro?

Inácio: — E por que não? Ele já salvou sua vida uma vez! Pode salvar a da sua filha também!

Carlos: — Você está maluco, Inácio!

DOM FERNANDO E DONA ENCARNAÇÃO ENTRAM

Dom Fernando: — Temos de chamar o médico novamente. Matilde está pior!

Dona Encarnação: — É melhor mandar avisar Maria e José, para voltarem de Madrid imediatamente!

Carlos: — Eles não podem voltar! Meu sogro está entre a vida e a morte!

Dom Fernando: — Sua filha também! E se não agirmos rápido, ela morrerá!

DOM FERNANDO SENTE-SE MAL, LEVA A MÃO AO PEITO.

Dona Encarnação: — Fernando! Meu Deus do céu!

Carlos: — Vamos levá-lo para o quarto, depressa!

Inácio: *(Grita para os criados.)*

— Ajudem aqui, rápido!

DOIS CRIADOS ENTRAM, AMPARAM DOM FERNANDO E VÃO SAINDO COM ELE.

DONA ENCARNAÇÃO SAI TAMBÉM.

Carlos: *(Para Inácio.)*
— Prepare dois cavalos imediatamente! Vamos chamar Miro no acampamento!

Inácio: — Sim, senhor. (*E sai correndo.*)

ACAMPAMENTO DOS CIGANOS – EM VALÊNCIA.

INTERIOR DA CARROÇA DE ESMERALDA.

Álvaro: — O que eu posso fazer? Consuelo não quer mais se responsabilizar por Isadora!

Esmeralda: — Mas por que isso agora?

Álvaro: — Não sei! Disse que ela está ficando rebelde, malcomportada e que é melhor que vá embora de lá, imediatamente! (T) Você poderia ficar com ela aqui, só por um tempo, até eu arrumar um lugar seguro para levá-la! Eu poderia dizer que você é uma amiga cigana, que vai me prestar esse favor!

Esmeralda: — De jeito nenhum! Eu quero distância de tudo o que me lembra Carlos!

Álvaro: — Aquele canalha do Carlos, bem que merecia ter um escândalo em sua respeitável família!

Esmeralda: — Não foi pra isso que você ficou com Isadora? Para ter um trunfo nas mãos e usar quando quisesse?

Álvaro: — Foi. E ainda hei de fazer uso disso um dia!

Esmeralda: — Então dê um jeito de continuar com ela! Mas longe daqui! (T) E não conte comigo pra nada!

A MÚSICA COMEÇA LÁ FORA.

ESMERALDA É CHAMADA PARA DANÇAR. O POVO GRITA SEU NOME.

Esmeralda: — Preciso ir.

ESMERALDA SAI.

ÁLVARO CONTINUA NA CARROÇA.

ESMERALDA É APLAUDIDA E COMEÇA A DANÇAR.

DEPOIS DE UM TEMPO, CARLOS CHEGA AO ACAMPAMENTO, SEGUIDO DE INÁCIO, E VÊ ESMERALDA DANÇANDO.

EM DETERMINADO MOMENTO DA DANÇA, ESMERALDA DÁ DE CARA COM CARLOS.

ELA PARA IMEDIATAMENTE DE DANÇAR.

A MÚSICA PARA TAMBÉM.

Esmeralda: — Carlos!

CLIMA GERAL.

Carlos: — Esmeralda! Quanto tempo!

ESMERALDA SAI CORRENDO E ENTRA NA CARROÇA, CARLOS IRIA SEGUI-LA, MAS MIRO SE INTERPÕE.

Miro: — O que você quer aqui?

Carlos: — Preciso de sua ajuda, Miro! É urgente! (T) Sei que pode parecer absurdo vir aqui depois de tanto tempo. (T) Você e Esmeralda foram embora e sequer falaram comigo. Nem tive tempo de agradecer o que você fez por mim...

Miro: *(Corta)*

— Isso é passado!

Carlos: — Eu sei! Mas quando soube que vocês tinham ido embora, fiquei como louco! Queria ir atrás de vocês. Eu amava Esmeralda e não podia admitir que ela me abandonasse daquela forma! Eu queria me levantar, mas estava totalmente impossibilitado!

Miro: — E depois que ficou bom, casou com outra mulher!

Carlos: — Eu sabia que não iria conseguir me acostumar com a vida que vocês levam e que Esmeralda jamais poderia ser feliz comigo naquele castelo. Sofri muito com a separação, mas resolvi reconstruir minha vida. Eu sinto muito, sinceramente, que tudo tenha acontecido dessa forma.

Miro: — Você veio aqui para se penitenciar?

Carlos: — Não. Vim pedir sua ajuda, mais uma vez. Minha filha Matilde está em estado de choque! A criada contou que ela viu meu tio Fabrício, já morto, começou a gritar e perdeu os sentidos. Não sei lidar com o sobrenatural! Você sabe e pode socorrer-me. Por favor, vá ao meu castelo exorcizar tudo o que há de mal por lá. Você tem poderes para isso! (T) Eu pago bem!

Miro: *(Encara Carlos.)*

— Vou, sim! E o meu preço será bem alto para você!

Carlos: — Pago o que pedir! Quero salvar minha filha!

Miro: — Não posso fazer esse trabalho sozinho. Vou levar Mina comigo. Aguarde-me aqui. (*E afasta-se.*)

INÁCIO APROXIMA-SE, ANSIOSO.

Inácio: — Tudo certo, patrãozinho?

Carlos: *(Faz que sim.)*

— Ele vai conosco. Vá soltando os cavalos!

INÁCIO SAI.

CARLOS FICA SOZINHO, OLHA EM DIREÇÃO AO ACAMPAMENTO.

Carlos: — Como Esmeralda está linda! Parece que o tempo não passou! Está mais maravilhosa do que nunca!

CARLOS CAMINHA EM DIREÇÃO À CARROÇA.

ÁLVARO SAI DE LÁ DE DENTRO.

ESMERALDA FICA NA PORTA.

ÁLVARO E CARLOS DEFRONTAM-SE.

Carlos: — Álvaro?! O que você está fazendo aqui? (T) Então você e Esmeralda... estão juntos?! (T) Você não presta mesmo! É um traidor! (*Para Esmeralda.*) E você também, Esmeralda! É disso que você gosta, não é?! De ter todos os homens a seus pés! É disso que você precisa!

Esmeralda: — Cale essa boca imunda, Carlos! Você não tem o direito de dizer nada! Nada, entendeu?! Vá embora daqui! Suma da minha frente!

MIRO CHEGA COM MINA E SURA.

Miro: *(Pega no braço de Carlos.)*

— Vamos!

CARLOS, TRANSTORNADO, SAI COM ELES.

Álvaro: *(Dá uma boa gargalhada.)*

— Que maravilha, Esmeralda! Você viu a cara dele quando viu nós dois juntos?

Esmeralda: — A desforra começou, Álvaro! (T) Nada como dar tempo ao tempo!

CASTELO DE DOM ANTÔNIO HERNANDEZ – SALA.

CLIMA TENSO.

MARIA E JOSÉ AGUARDANDO A SAÍDA DO MÉDICO.

ISADORA SERVINDO CHÁ PARA OS DOIS.

CONSUELO, AO LADO DE MARIA, COM AS MÃOS DELA ENTRE AS SUAS, CARINHOSAMENTE DANDO-LHE FORÇAS.

Maria: — Ai Consuelo, como é difícil enfrentar essa hora. A gente pensa, reflete, se prepara, mas quando chega o momento da perda...é um sofrimento enorme... (T) Como está minha mãe?

Consuelo: — Dormindo. Acabei de dar-lhe o sedativo.

Maria: *(Para José)*

— Será que o mensageiro vai chegar a tempo de avisar seu pai, José?

José: — Acredito que sim. (T) Se não se importa, vou ficar um pouco lá fora. (*Para Isadora*) Poderia me servir um chá no alpendre, Isadora? (*E vai saindo.*)

ISADORA OLHA PARA CONSUELO, CONSUELO FAZ UM SINAL PARA ELA IR.

ISADORA SAI, ATRÁS DE JOSÉ.

Maria: — Essa moça é aquele bebezinho que deixaram para você cuidar?

Consuelo: — É. E já vai fazer dezoito anos!

Maria: — Meu Deus... como o tempo passa! Como foi mesmo que ela veio parar aqui?

Consuelo: — Foi Álvaro, seu primo, que a trouxe. Encontrou a coitadinha abandonada ao relento e a trouxe para cá.

O MÉDICO VEM DO QUARTO DE DOM ANTÔNIO.

Maria: — Como está meu pai, doutor?

Médico: — Não vai resistir muito. O coração está muito fraco.

Maria: — Ah... não! Não! (*Abraça consuelo e chora.*)

CASTELO DE DOM FERNANDO – PORÃO.

MINA SENTADA, MIRO AO SEU LADO.

DOM FERNANDO, CARLOS E INÁCIO EM PÉ.

Miro: — Vamos pensar na alma sofredora que precisa de nossa ajuda e rezar para que ela possa conseguir a paz que necessita.

DOM FERNANDO COMEÇA A REZAR BAIXINHO, INÁCIO FAZ O MESMO.

CARLOS SÓ OBSERVA.

MIRO, MUITO CONCENTRADO.

DE REPENTE, MINA TEM UM SOBRESSALTO.

Mina: *(Tomada pelo espírito de Fabrício.)*

— Bandidos! Súcia de bandidos! Pensaram que iam me passar pra trás, hein? Pensaram que podiam me enganar? Mas vocês vão ver quem sou eu!

Carlos: — É ele! É tio Fabrício!

DOM FERNANDO FAZ SINAL PARA CARLOS FICAR QUIETO.

Mina: — Você pensou que ia ficar com tudo só pra você, Ortega... mas o esperto aqui sou eu! Vai ver como é bom ficar aí dentro, sem ar! Você e seus capangas vão mofar aí dentro, pra sempre! (*E dá uma gargalhada*.)

Carlos: — Ele trancou Ortega e seus homens no porão!

Don Fernando: — Quieto, Carlos!

Mina: — O tesouro é só meu! Só meu! Não vou dividir com ninguém! (*Investe.*) Saiam da minha frente!

MIRO SEGURA.

Miro: — Não quero violência aqui! Vá embora, vá!

Mina: — Não vou! Não vou embora, não! Não saio daqui sem meu tesouro! Vou acabar com todo mundo! Não vai sobrar ninguém vivo nesta família de ladrões!

Miro: — Fique quieto! (*Para todos.*) Ajudem! (*Estende as mãos.*)

MIRO ORIENTA, EM SILÊNCIO, PARA QUE SE DEEM AS MÃOS.

RAPIDAMENTE FAZEM UM CÍRCULO EM VOLTA DE MINA (FABRÍCIO).

FABRÍCIO FICA ACUADO.

Mina: — Não! Não!

Miro: — Vamos! Não resista mais! É pior pra você!

Mina: *(Chora.)*

— Eu quero meu tesouro!

Sura: — Aqui não tem o tesouro que você quer! Vá embora! O seu lugar não é mais aqui! Você receberá assistência e ficará melhor. Vá! Vá!

Mina: *(Como se estivesse vendo outras entidades espirituais perto.)*

— Pra onde eles vão me levar?

Sura: — Para um lugar que será muito bom pra você!

Mina: — Não! Não quero!

Miro: *(Firme e forte)*

— Quer sim! Deixe que o levem, ande! Vá de uma vez!

MINA RELUTA UM POUCO AINDA, MAS FABRÍCIO ACABA SENDO AFASTADO.

MINA TEM UM SOBRESSALTO E VOLTA A SI. RESPIRA FUNDO, RETOMANDO AS FORÇAS.

Miro: — Pronto! Já está feito. Missão cumprida!

TODOS RESPIRAM ALIVIADOS.

Miro: — Enterrem bem longe os ossos que ainda estão neste porão.

Don Fernando: — Ossos?

Carlos: — De dom Ortega e seus homens, pai.

Don Fernando: — Amanhã mesmo vou providenciar para que isso seja feito. *(Para Miro.)* Mais uma vez, obrigado pela sua ajuda! Só que desta vez, permita-me recompensá-lo como merece.

Miro: — Eu acerto o preço com o senhor Carlos.

Carlos: — Quanto?

Miro: *(Olha bem firmemente para Carlos.)*

— Quero que nunca mais apareça no acampamento. Haja o que houver! Nunca mais! (T) É isso o que vai lhe custar!

Carlos: *(Relutante.)*

— Não irei mais lá, prometo.

Miro: — Jure! Na frente de seu pai!

Carlos: — Juro!

Miro: *(Para Mina.)*

— Podemos ir! (*Para Dom Fernando.*) Que vocês possam viver bem de hoje em diante!

MIRO SAI ACOMPANHADO DE MINA.

CASTELO DE DOM HERNANDEZ – EXTERIOR.

ISADORA VEM CORRENDO ATRÁS DE JOSÉ, OS DOIS SE ENCONTRAM.

IMPETUOSAMENTE E, COM MUITO ARDOR, COMEÇAM A SE ACARICIAR, A SE AMAR...

A LUZ VAI BAIXANDO, UM EFEITO.

SURGEM AS TRÊS CIGANAS.

Cigana: — Isadora e José não resistiram.

Mina: — E, no meio da noite, sumiram.

Cigana: — E se amaram.

Sura: — Com ardor.

Cigana: — Sem pudor.

Mina: — Isadora e José.

Cigana: — Iguaizinhos a seus pais, entregaram-se à paixão.

Sura: — Sem razão.

Mina: — Com paixão!

ISADORA E JOSÉ, DEPOIS DO AMOR, RELAXAM SEUS CORPOS.

José: — Eu te amo, Isadora!

Isadora: — Eu também, José! Muito, muito, muito!

OS DOIS SE ABRAÇAM.

CONSUELO CHEGA E SE SOBRESALTA.

Consuelo: — Isadora!

José: *(Levantando rápido.)*
— Consuelo! Eu vou explicar tudo!

Consuelo: — Melhor explicar depois. Sua mãe precisa do senhor lá em cima. Seu avô acaba de falecer!

JOSÉ SAI CORRENDO.

Consuelo: *(Para Isadora.)*
— Você não tem jeito mesmo. Vou mandar chamar seu tio e vou contar tudo pra ele! (*E sai*)

ISADORA FICA SOZINHA, ANGUSTIADA, SEM SABER O QUE FAZER.

PASSAGEM DE TEMPO.

CASTELO DE DOM ANTÔNIO HERNANDEZ – SALA.

DIA SEGUINTE, APÓS O ENTERRO.

CARLOS CHEGA COM INÁCIO.

Carlos: — Perdoe-me, meu amor! Não consegui chegar antes!

MARIA ABRAÇA CARLOS FORTEMENTE E CHORA.

Maria: — Ele sofreu tanto!

Carlos: — Imagino. Agora descansou. E está em paz!

Inácio: *(Estende a mão para Maria.)*

— Meus sentimentos, senhora!

Maria: — Obrigada, Inácio. (T) (*Para Carlos.*) E Matilde, por que não veio?

Carlos: *(Disfarça.)*

— Achei melhor que não viesse. Você sabe como ela é, ficaria impressionada!

CONSUELO ENTRA.

Consuelo: *(Para Maria.)*

— Deseja mais alguma coisa?

Maria: — Não, Consuelo, obrigada. Quero me deitar um pouco!

José: — Eu a acompanho até o quarto, mãe!

ISADORA ENTRA E CRUZA COM JOSÉ.

FICA UM CLIMA.

JOSÉ SAI, AMPARANDO MARIA.

Consuelo: *(Para Isadora.)*

— Retire tudo da sala!

CONSUELO VAI ORGANIZANDO TUDO, ENQUANTO ISADORA VAI RECOLHENDO AS XÍCARAS.

CARLOS A OBSERVA, PERPLEXO.

ISADORA É A CARA DE ESMERALDA.

INÁCIO TAMBÉM NOTA.

OS DOIS OLHAM A MOÇA, ENTREOLHAM-SE E VOLTAM A OBSERVAR TODOS OS MOVIMENTOS DE ISADORA.

ISADORA RETIRA AS XÍCARAS E SAI.

Carlos: — Consuelo... quem é essa moça?

Consuelo: — Isadora.

Carlos: — Isadora?! Nunca a vi por aqui!

Consuelo: — Ela faz mais trabalhos externos, raramente entra no castelo! É, por assim dizer... minha filha de criação. Tomo conta dela desde nenezinha... a pedido do senhor Álvaro.

Carlos: — Álvaro?!

Consuelo: — É, sim senhor. Ele deixou a menina sob os meus cuidados. (*Encerra o assunto.*) Necessita de alguma coisa, senhor Carlos?

Carlos: — Não, obrigado.

Consuelo: — Posso me retirar?

Carlos: — Claro, por favor.

CONSUELO SAI.

Carlos: *(Totalmente indignado.)*

— Você viu o que eu vi? Você ouviu o que eu ouvi, Inácio?

Inácio: — Vi, ouvi! (*Atrapalha-se.*) O que foi que o senhor ouviu e viu?

Carlos: — Essa moça... é Esmeralda escrita e rasgada e foi trazida para cá por Álvaro! (T) É filha dos dois!

Inácio: — Filha de Esmeralda com Álvaro?!

Carlos: — É evidente! (T) Não! Eu não posso acreditar nisso! Eu não posso ter sido enganado a esse ponto! Inácio, vamos até o acampamento. Vou falar com Esmeralda!

Inácio: — Voltar para Valência, patrãozinho? O senhor jurou diante de seu pai que não poria mais os pés lá, dom Carlos!

Carlos: — Então, vá você! Você vai e chama Esmeralda. Eu fico distante do acampamento, esperando.

Inácio: — Não, patrãozinho... por favor...

Carlos: — É uma ordem! Amanhã mesmo vamos embora daqui! Vou falar a Maria que não posso me demorar nem mais um dia em Madrid. Assim que eu acordar, pegaremos a estrada! (*E sai*).

Inácio: — Ai, minha Santa Virgem... Vai começar tudo de novo!

PASSAGEM DE TEMPO.

CASTELO DE DOM FERNANDO – SALA.

SARITA CUIDANDO DE MATILDE, TERMINANDO DE DESCASCAR UMA FRUTA.

Sarita: *(Dá a fruta para ela.)*

— Pronto! Coma inteirinha! Fruta é muito bom pra saúde!

ENTRA UM CRIADO.

Criado: — Com licença. Dom Álvaro está aqui. Disse que precisa falar com alguém da família!

Matilde: — Mande-o entrar.

CRIADO FAZ SINAL PARA ÁLVARO ENTRAR.

Álvaro: — Desculpe minha insistência, mas é assunto urgente!

Matilde: — Mamãe chegou cansada de viagem e está descansando. Papai foi até a cidade.

Álvaro: *(Falso)*

— Até a cidade?! E volta logo?!

Matilde: *(Titubeia)*

— Não sei...

Álvaro: — Permita-me esperar por ele, então!

MATILDE FICA INDECISA.

Álvaro: — Por favor! É uma emergência!

Matilde: — Está bem. Fique à vontade, Álvaro!

ARREDORES DO ACAMPAMENTO EM VALÊNCIA - EXTERIOR.

Esmeralda: — O que você quer de mim?

Carlos: — Por que você não me contou que teve uma filha com Álvaro?

Esmeralda: — O quê?!

Carlos: — Vamos, confesse! Isadora é ou não é sua filha com aquele patife?

Esmeralda: — E desde quando eu tenho que lhe dar satisfações? Você está longe há anos e, de repente, vem aqui querendo ser meu dono?

Carlos: — Eu sou o seu dono! Sempre fui e sempre serei! É a mim que você ama!

Esmeralda: *(Dá uma sonora gargalhada.)*

— Quem você pensa que é? Acha que pode tudo? (T) Você fez a vida que quis, casou com a mulher que bem entendeu e agora vem aqui me cobrar?! Olha aqui... dom Carlos de Rueda e Castillo, eu sou Esmeralda, entendeu? E com Esmeralda ninguém faz o que você fez! Se eu tive uma filha, quando eu tive e com quem eu tive não lhe interessa! Você não é nada! Não representa nada pra mim! A não ser um resto de homem que passou pela minha vida e só deixou mentira e desilusão! Eu o desprezo!

CARLOS A AGARRA COM FORÇA.

TENTA BEIJÁ-LA.

Esmeralda: — Largue-me! Solte-me!

CARLOS TENTA DOMINAR ESMERALDA.

ESMERALDA LUTA, LUTA, E DE REPENTE CEDE, CEDE...

OS DOIS SE ABRAÇAM COMO NUNCA.

BEIJAM-SE.

Carlos: — Eu a amo! Eu a amo!

COMEÇAM A SE AMAR.

LOUCURA TOTAL. PAIXÃO ANIMAL...

CASTELO DE DOM FERNANDO – SALA.

Maria: — Mas o que você está me dizendo, Álvaro? Meu filho José... apaixonado por sua enteada, Isadora?

Álvaro: — Exatamente. E isso não pode acontecer!

Maria: — Eu vou conversar com ele. Aliás, vamos conversar com ele já!

TOCA UMA SINETA.

SARITA APARECE.

Maria: — Por favor, chame José aqui imediatamente! (T) Gostaria que Carlos estivesse conosco. Saiu ontem, no final da tarde, e não voltou até agora!

Álvaro: — Eu sei onde ele deve estar!

JOSÉ ENTRA.

José: — Mandou me chamar, mãe?

Maria: — José, meu filho... Álvaro está me dizendo... que você está apaixonado por Isadora...

José: *(Resolve contar.)*

— É verdade, mãe. Estou. Há muito tempo. Estamos comprometidos um com o outro!

Álvaro: — Você não pode honrar esse compromisso!

José: — Por que não? O que aconteceu entre nós foi por amor! Não sou leviano!

Maria: — O que aconteceu entre vocês?!...

José: *(Para Álvaro.)*

— Não foi esse o motivo que o trouxe aqui? Mas não se preocupe. Sou homem honrado. Quero casar com ela!

Álvaro: — Vocês não podem casar! Vocês são irmãos!

José: — O quê?!

Álvaro: — Vocês são filhos do mesmo pai! Isadora é filha de Carlos com Esmeralda!

José: — Quem é Esmeralda?

Maria: — Foi uma paixão de seu pai... há muito tempo.

José: — Não é possível! Não é possível!

Álvaro: — É possível sim! (T) Eu guardei esse segredo até agora para poupar sua mãe, que não merece tanta injustiça!

JOSÉ TEM UM ACESSO DE CHORO E SAI DA SALA CORRENDO.

MARIA FICA PERPLEXA.

Álvaro: — Perdão, Maria. Se não tivesse acontecido esse envolvimento dos dois, você jamais ficaria sabendo. Eu jamais causaria essa tristeza a você!

Maria: — Carlos tem uma filha com Esmeralda?!

Álvaro: — Mas ele não sabe disso! Quer dizer... talvez agora até saiba... Ele não resistiu e voltou a ver Esmeralda. Passou esta noite com ela, por isso não veio dormir em casa. (T) Eu os vi juntos, no acampamento.

Maria: — Carlos e Esmeralda... juntos... novamente?!

Álvaro: — Sinto ser portador de notícias tão contundentes. Mas acho que você não merece mais ser enganada de forma tão insensata e vil!

MARIA ESTÁ ARRASADA.

Álvaro: — Maria... (*Abraça ela.*) Queria que nada disso estivesse acontecendo. Saiba que estou do seu lado...

Maria: *(Afasta-o delicadamente.)*
— Por favor, Álvaro, quero ficar sozinha.

Álvaro: — Claro. (*Beija as mãos dela.*) Conte comigo no que precisar! (*E sai.*)

MARIA FICA SOZINHA.

A LUZ FECHA, FICANDO APENAS UM FOCO DE LUZ SOBRE ELA.

ELA TENTA CONTROLAR-SE, ESTÁ A PONTO DE EXPLODIR.

MARIA VIRA-SE, DECIDIDA.

Maria: — Eu quero que você deixe esta casa imediatamente. Vá viver seu amor com essa cigana até o fim, até quando desejar, mas longe daqui. Longe de mim e de seus filhos! Nós merecemos respeito.

CARLOS É REVELADO POR OUTRO FOCO DE LUZ.

Carlos: — Eu sei. (T) Eu não queria causar-lhe esse sofrimento, juro!

Maria: — Não jure! Você não tem moral para sequer fazer um juramento!

Carlos: — Maria... eu nem sei o que dizer...

Maria: — Não há mais nada a dizer. (T) Eu quero que você vá embora!

Carlos: — Eu não quero ir! (T) Eu a amo, Maria!

Maria: — Por favor, não pronuncie essa frase! Tenha um pouco de dignidade!

Carlos: — Eu não sabia da existência de Isadora! Por favor, acredite! Eu jamais poderia imaginar que Isadora é minha filha!

Maria: — Isso não muda nada! Isadora faz parte de seu passado! A minha decisão está fundamentada em seu comportamento presente! (T) Você voltou a se encontrar com Esmeralda!

REAÇÃO DE CARLOS QUE DESVIA OS OLHOS DELA E BAIXA A CABEÇA.

Maria: — Eu não merecia ser tratada com tanta leviandade!

Carlos: — Não merecia mesmo! (T) Perdoe-me. Fui um fraco!

Maria: — Eu quero que você saia daqui, imediatamente!

CARLOS FAZ QUE SIM E VAI SAINDO. PARA E VOLTA-SE PARA MARIA.

Carlos: — Por favor, não me odeie!

Maria: *(Fala sinceramente, sem rancor.)*
— Odiar? Não Carlos... não! Na verdade... eu sinto uma profunda pena de você!

CARLOS REAGE E SAI.

MARIA FICA SÓ, SOFRENDO MUITO.

CASTELO DE DOM HERNANDEZ – CASA DOS CRIADOS – EXTERIOR.

Isadora: — Isso muda tudo, muda toda a minha vida! (T) José... é meu irmão! (T) E se eu ficar esperando um filho dele?

Consuelo: — Reze para não ficar! De qualquer forma, você estará num convento... ninguém vai ficar sabendo!

Isadora: — Eu não quero ficar trancada num convento!

Consuelo: — É o melhor lugar para você, agora! Seu tio já decidiu e você vai!

Isadora: — Não vou! Não vou! Não vou! E ninguém vai me obrigar! (T) José... meu irmão! Por que você não me contou antes? Por quê? Por que foi acontecer isso comigo? (*Sai correndo, chorando.*)

Consuelo: — Isadora... volte aqui!

ACAMPAMENTO DOS CIGANOS – EM VALÊNCIA.

Álvaro: — Estou de alma lavada! Contei tudo a Maria! Agora, é só seguir nossos planos... e saborear nossa vingança!

Esmeralda: — Ela sofreu muito?

Álvaro: — É evidente, Esmeralda!

Esmeralda: — Mas não sofreu tanto quanto eu! (T)

Carlos deve voltar pra cá, imediatamente. Não vai ter para onde ir! (T) Agora ele verá o preço que se paga por uma traição! Vou acabar com ele!

Álvaro: — Nós vamos acabar com ele! O quanto antes!

Esmeralda: — Não! Calma!... Não precisamos ter pressa! Primeiro, eu quero fazer com que ele chegue... ao fundo do poço!

PASSAGEM DE TEMPO.

ACAMPAMENTO DOS CIGANOS – EM VALÊNCIA.

SURGEM AS TRÊS CIGANAS.

CANTAM

Tempo de amargar
Tempo de sofrer
Tempo de ajustar e padecer
Tempo de pensar
Tempo de aprender
Tempo de amar e reviver
Cenas de paixão
Frases de perdão
Tempo de viver em solidão!

CARLOS CHEGA ABATIDO, BÊBADO.

Carlos: *(Cai e levanta.)*

— Ah... O que eu estou fazendo aqui? Aqui não é o meu lugar! Eu preciso sair daqui! Ei... Ei... Esmeralda! Vem cá! Esmeralda! Vem cá! Eu quero falar com você! (*Grita.*) Esmeralda!

CARLOS CAI NO CHÃO, TENTA LEVANTAR DE NOVO, É AMPARADO POR UM CIGANO, QUE O COLOCA ENCOSTADO EM ALGUM LUGAR.

CARLOS FICA LÁ, JOGADO, DESACORDADO.

INÁCIO ENTRA SORRATEIRAMENTE PARA NÃO SER VISTO, APROXIMA-SE DE CARLOS.

Inácio: — Patrão... Patrãozinho! Meu Deus... o senhor está acabado! Olha só o que fizeram com o senhor... em tão pouco tempo!

INÁCIO PERCEBE QUE VEM CHEGANDO ALGUÉM E SE ESCONDE.

ÁLVARO E ESMERALDA CHEGAM PERTO DE CARLOS.

Álvaro: — Ele está um trapo! Acho que não é preciso esperar mais. Vou mandar fazer o serviço hoje mesmo!

Esmeralda: — Faça o que tiver de fazer, mas longe daqui. Não quero estar por perto.

Álvaro: — Nem é preciso. (*Mente*) Também quero distância, para não me comprometer. (*Olha para Carlos*) Olhe só... Dom Carlos de Rueda e Castillo... amado por todas as mulheres! Achou que era poderoso e inatingível! Está aí ó... na sarjeta! (T) Mande levá-lo pra beira do mar. Pra facilitar as coisas... Vou providenciar tudo!

ÁLVARO SAI.

ESMERALDA FICA SOZINHA.

OLHA MUITO PARA CARLOS.

Esmeralda: — Carlos... eu queria ter vivido um grande amor com você... pra sempre, sempre! Queria você... só pra mim! Mas você não quis, me desprezou, preferiu o seu castelo, a sua riqueza, a sua gente! Sofri muito por você, viu, Carlos?! Muito! Você feriu muito fundo o meu coração! (*Faz um carinho no rosto dele como se estivesse despedindo-se.*) Adeus, Carlos!

DEPOIS RETOMA SEU AR DE VINGANÇA.

Esmeralda: *(Chama dois ciganos.)*

— Saulo, Rovi! (*Os dois ciganos aproximam-se.*) Tirem-no daqui! Levem-no para a beira do rio!

CARLOS É CARREGADO.

ESMERALDA AFASTA-SE.

INÁCIO MOSTRA UM POUCO A CARA, MAS CONTINUA ESCONDIDO.

ISADORA VEM CHEGANDO AO ACAMPAMENTO, OLHA TUDO.

NÃO TEM NINGUÉM POR PERTO, ELA NÃO SABE BEM PARA ONDE SE DIRIGIR.

INÁCIO SAI DO ESCONDERIJO.

Inácio: — Menina Isadora!

ISADORA OLHA INÁCIO, SEM RECONHECÊ-LO.

Inácio: *(Fala rápido, quase num fôlego só.)*

— Sou Inácio, valete de dom Carlos! Por favor, menina Isadora, preciso de sua ajuda! Estão querendo liquidar o meu patrãozinho! Estão levando-o pra beira do rio, pra acabar com a vida dele e eu aqui sozinho... não posso fazer nada! Por favor, ajude-me!

Isadora: — Mas o que você está me falando?! Não estou entendendo nada!

Inácio: — Querem matar dom Carlos! Já está tudo pronto, tramado!

Isadora: — Quem quer matar meu pai?

Inácio: — Dom Álvaro, combinado com Esmeralda! (*Se dá conta.*) A menina sabe que Dom Carlos é seu pai?

Isadora: — Eu sei de tudo!

Inácio: — Eu também. Meu patrãozinho não me esconde nada. (T) Por favor, menina Isadora, salve seu pai!

Isadora: — Mas o que está acontecendo, por que eles querem matar dom Carlos?

Inácio: — Por ódio. Por vingança! A menina deve saber por quê!

Isadora: — Onde posso encontrar Esmeralda?

Inácio: — A carroça dela fica ali atrás!

ISADORA VAI PARA A CARROÇA.

Inácio: — Ai, Minha Santa Virgem, meus Santos Anjos! Protejam meu patrãozinho! *(E sai em direção aonde levaram Carlos.)*

ISADORA APROXIMA-SE DA CARROÇA.

ABRE A CORTINA E ENTRA.

ESMERALDA ESTÁ DE COSTAS, CUIDANDO DE ALGUMA COISA FORA DA CARROÇA, DE REPENTE VIRA E DÁ COM ISADORA LÁ PARADA.

ESMERALDA OLHA PRA ELA.

O INSTINTO, A INTUIÇÃO E A SEMELHANÇA CONSIGO MESMA FAZEM-NA RECONHECER A FILHA.

Esmeralda: — Você é Isadora.

Isadora: — Sou.

Esmeralda: — O que você quer aqui?

Isadora: — Eu não tenho para onde ir, vim para ficar.

Esmeralda: — De jeito nenhum!

Isadora: — Eu não vou falar disso com você agora. Agora eu quero que salve dom Carlos, meu pai! Ele não tem culpa do que aconteceu! José e eu não sabíamos que éramos irmãos!

Esmeralda: — O que você está dizendo?

Isadora: — Que José e eu jamais teríamos nos apaixonado se soubéssemos que éramos filhos do mesmo pai!

Esmeralda: *(Dando-se conta.)*

— Você e José, filho de Carlos e Maria... (T) Até quando os fidalgos vão tripudiar sobre os ciganos? Onde está Deus que não pune os responsáveis! Carlos deve pagar por isso e seu filho também!

Isadora: — O que aconteceu foi obra do destino!

Esmeralda: — Obra do destino! (T) Destino que seu pai traçou como bem quis, sem importar-se comigo, com você, com ninguém!

Isadora: — Ele não é responsável pelos meus atos!

Esmeralda: — É responsável, sim! Por toda a infelicidade que desabou sobre nós! Ele e, agora, o filho dele!

Isadora: — José não tem culpa! Ele queria se casar comigo! Mas a partir do momento que soubemos da verdade, tudo mudou em nossa vida! Nós nos amamos, mas é um amor impossível!

Esmeralda: *(Com todo o seu rancor.)*

— Mais uma vez, uma cigana é enganada e abandonada por um nobre!

Isadora: — De que cigana você está falando? De mim? Eu nunca fui cigana! Você nunca me deu esse direito! Enganada e abandonada eu fui sim... mas por você! Você me expulsou daqui, da sua vida, sem a menor consideração! Você decidiu tudo como bem entendeu! Você, sim, é que não respeitou nem a mim, nem a ninguém! (*Continua.*) O nobre que você acusa teve uma filha e você sequer permitiu que ele tivesse conhecimento disso!

Esmeralda: — Não defenda aquele patife, infame, que só me fez sofrer!

Isadora: — Só você sofreu? Ninguém mais sofreu nessa história toda? Só você? Só você é a coitada, a abandonada? E eu? Alguma vez você pensou em mim, no que poderia estar acontecendo comigo? Não... Claro que não. Você simplesmente me arrancou de sua vida e me jogou fora. Fora do seu caminho! Bem longe, pra não fazê-la lembrar de nada! (T) O romance acabou? Então vamos acabar com tudo o que possa ter ligação com ele! (T) Você só soube apontar os outros como culpados (*Aponta o dedo indicador*), mas nunca voltou os olhos pra você! (*Baixa o dedo indicador e volta o dedão para si mesma*).

FORTE REAÇÃO DE ESMERALDA.

Isadora: — Sempre se negou a assumir sua responsabilidade nisso tudo! Nunca saiu de seu orgulho, de seu egoísmo! Até agora parece que você só pensou em seu sofrimento, em sua dor! E eu? E eu?! (T) O que você fez comigo foi um crime!

Esmeralda: — Cale essa boca! Você não pode falar assim comigo!

ESMERALDA SAI DA CARROÇA. ISADORA A SEGUE.

Isadora: — Posso sim! E falo! Eu sou sua filha! Sua filha, entendeu? Eu nasci de dentro de você! Você me gerou, me pôs no mundo! Sou sangue de seu sangue!

Esmeralda: — Vá embora! Vá embora daqui!

Isadora: — Não vou! Vou ficar aqui, com você! Você é minha mãe e tem de me ajudar!

ESMERALDA TEM UM ACESSO DE CHORO.

NESSE MOMENTO SURGE O ESPÍRITO DE TÂNIA, APROXIMA-SE E DÁ SUSTENTAÇÃO E FORÇA PARA ESMERALDA.

MIRO E OS CIGANOS ESTÃO ASSISTINDO A TUDO.

ISADORA APROXIMA-SE DE ESMERALDA.

O ESPÍRITO DE TÂNIA ESTÁ PERTO DAS DUAS.

Isadora: — Por favor, mãe... Não fuja mais de mim! Não me rejeite mais! Eu preciso de você!

ESMERALDA VACILA, OLHA ISADORA.

UM TEMPO DE SILÊNCIO, AS DUAS SE OLHAM PROFUNDAMENTE.

E, NUM ÍMPETO, SE ABRAÇAM FORTEMENTE.

Isadora: — Por favor... Salve meu pai!

ESMERALDA OLHA BEM PARA A FILHA, FAZ UM GESTO DE CARINHO E SAI CORRENDO NA MESMA DIREÇÃO PARA ONDE LEVARAM CARLOS.

MIRO VAI ATRÁS DELA.

O ESPÍRITO DE TÂNIA SEGUE OS DOIS.

ISADORA FICA LÁ, MUITO EMOCIONADA.

RINO APROXIMA-SE DELA.

Rino: — Isadora... sou Rino, filho de Mina e de Miro, nosso chefe. (*Estende a mão.*) Seja bem-vinda entre nós!

OS OUTROS CIGANOS APROXIMAM-SE PARA SAUDÁ-LA.

ACAMPAMENTO DOS CIGANOS – BEIRA DO MAR – EXTERIOR.

INÁCIO ENTRA PROCURANDO CARLOS.

UM CAPANGA CHEGA, TRAZENDO CARLOS AMARRADO E AMORDAÇADO.

INÁCIO ESCONDE-SE.

O CAPANGA EMPURRA CARLOS, QUE SE APOIA EM ALGUM LUGAR PARA NÃO CAIR AO CHÃO.

Capanga: — Fique bem quietinho aí, ô imbecil! Já, já, você vai conversar com Deus!

CAPANGA OLHA AO REDOR.

CARLOS TENTA SOLTAR-SE.

CAPANGA PERCEBE E DÁ UM CHUTE NELE. CARLOS CAI.

CAPANGA O LEVANTA.

Capanga: — Mas o que é isso? Homem que é homem tem de morrer em pé!

CARLOS TORNA A CAIR E FICA NO CHÃO, MEIO DESMAIADO.

OUVE-SE UM BARULHO.

Capanga: *(Apontando um revólver.)*
— Quem está aí? É melhor responder, senão eu atiro!

ESMERALDA ENTRA COM UMA GARRAFA DE VINHO NA MÃO.

Esmeralda: — Sou eu! Calma, abaixe essa arma! (T) Estou festejando! Trouxe um gole pra você! Vamos beber a morte deste traidor! (*Olha para Carlos.*) Ele ainda está vivo?

Capanga: — Ainda! Eu queria acabar logo com isso, mas seu Álvaro falou que ele mesmo quer fazer o serviço! (*E bebe mais.*)

Esmeralda: — Então vamos esperar por ele. Mas vamos começar a festejar desde já! (*Levanta a garrafa.*) À morte do homem que ousou desprezar Esmeralda! (*E estende a garrafa para ele.*)

Capanga: *(Meio desconfiado.)*

— As mulheres bebem antes!

ESMERALDA FINGE QUE BEBE, MAS NÃO ENGOLE O VINHO.

PASSA A GARRAFA PARA ELE, QUE VIRA UM GOLÃO NA BOCA.

ESMERALDA RODEIA CARLOS.

DE REPENTE, CAPANGA COMEÇA A SENTIR-SE MAL E CAI DESMAIADO.

ESMERALDA COSPE O VINHO DA BOCA, TIRA UMA FACA DA ROUPA E COMEÇA A SOLTAR CARLOS.

Carlos: *(Ainda meio tonto.)*

— Esmeralda! Que bom! Obrigado por ter vindo!

Esmeralda: — Agradeça à sua filha Isadora!

ÁLVARO CHEGA.

Álvaro: — O que você está fazendo, Esmeralda? Enlouqueceu?

Esmeralda: — Não quero manchar minhas mãos de sangue pro resto da vida!

Álvaro: — O quê? Resolveu virar santa, agora? (T) Saia daí! Esse canalha tem de pagar pelo que fez! (*E vai para cima de Carlos com uma faca.*)

ESMERALDA INTERPÕE-SE.

Esmeralda: — Um canalha quer matar outro?

Álvaro: — O que você está dizendo?

Esmeralda: — Que você também não vale nada! (T) Não me contou nada sobre José e Isadora! Crápula, miserável!

Álvaro: — Isso não interessa agora! Saia da frente! Eu vou fazer o que tem de ser feito!

ÁLVARO VAI À DIREÇÃO DE CARLOS.

ESMERALDA APONTA SUA FACA PARA ELE.

Esmeralda: — Não!

CARLOS NÃO ESTÁ TOTALMENTE SOLTO, NÃO CONSEGUE FAZER NADA.

Álvaro: — Esperei muito tempo por esta oportunidade. Você não vai me impedir! Saia da frente! (*E parte pra cima dela.*)

ÁLVARO E ESMERALDA LUTAM.

NUM ACESSO DE ÓDIO, ÁLVARO ENFIA A FACA EM ESMERALDA.

ELA GRITA E CAI.

MIRO CHEGA NESSE MOMENTO E DÁ UMA FACADA EM ÁLVARO.

ÁLVARO TENTA REAGIR.

MIRO DÁ OUTRA FACADA.

ÁLVARO CAI FULMINADO.

INÁCIO SAI DE ONDE ESTAVA ESCONDIDO E SOLTA CARLOS, QUE SE APROXIMA DE ESMERALDA.

Carlos: — Ela ainda está respirando! (T) Esmeralda, calma, eu vou cuidar de você! Você vai ficar boa! Calma!

Esmeralda: — Carlos... Carlos... Eu o amo!

Carlos: — Eu também a amo! Não se esforce, meu amor!

ESMERALDA FICA MUITO MAL.

Carlos: — Miro, faça alguma coisa!

MIRO PERMANECE CONCENTRADO E ESTÁTICO, DANDO SUSTENTAÇÃO ESPIRITUAL À ESMERALDA.

Esmeralda: *(Num último esforço.)*

— Cuide de Isadora... Cuide bem de nossa filha, Carlos... Carlos! (*E morre.*)

Carlos: — Vamos levá-la de volta ao acampamento, rápido, rápido!

Miro: — Não adianta, Carlos. Ela se foi!

Carlos: — Não! Não, Esmeralda! Não! (*E chora.*) Ela não merecia morrer assim! (*E, desesperado, chora sobre o corpo de Esmeralda.*)

MIRO E INÁCIO TAMBÉM CHORAM.

O ESPÍRITO DE TÂNIA SURGE E FICA AO LADO DO CORPO DE ESMERALDA.

NUM EFEITO ESPECIAL, O ESPÍRITO DE ESMERALDA DESPRENDE-SE DO CORPO E É LEVADO POR TÂNIA.

CASTELO DE DOM FERNANDO – SALA.

JOSÉ DEIXA-SE CAIR NUMA POLTRONA, COM A CABEÇA ENTRE AS MÃOS.

Maria: — Não adianta chorar, meu filho! É preciso ser forte, ter fé! O tempo encarrega-se de abrandar todas as dores!

José: — É muito difícil pra mim, mãe!

Maria: — Eu sei!

José: — Por que meu pai não me contou a verdade?

Maria: — Eu já disse! Ele não sabia que Isadora era sua filha!

José: — E por que ele não está aqui, pra falar comigo, pra me escutar?

Maria: — Seu pai teve de sair daqui para viver uma outra experiência, meu filho, e você precisa entender! (T) Ele precisava ir! (T) Tem certas coisas na vida, meu filho, que a gente precisa viver até o fim! Seu pai precisa viver tudo isso até o fim! E nós devemos respeitá-lo!

JOSÉ ABRAÇA A MÃE.

ACAMPAMENTO DOS CIGANOS.

CLIMA TRISTE ENTRE TODOS.

ESMERALDA FOI SEPULTADA.

Carlos: — Como eu queria que nada disso tivesse acontecido!

Sura: — Esmeralda vai fazer falta!

CARLOS VAI ATÉ ISADORA E LHE DÁ UM ABRAÇO EMOCIONADO.

Carlos: — Não quer mesmo ir comigo, minha filha?

Isadora: — Não, meu pai. Aqui é o meu lugar!

Carlos: — Se precisar de alguma coisa, é só me mandar avisar.

Isadora: — Não vou precisar de nada. Só de sua presença de vez em quando... quando você puder!

Carlos: — Estarei sempre por perto.

CARLOS DÁ UM BEIJO NELA, DEPOIS VAI ATÉ MIRO.

Carlos: — Miro... me perdoa... eu não queria... jamais quis prejudicar Esmeralda. Eu a amava muito... muito!

MIRO ESTÁ MUITO COMOVIDO, FAZ QUE SIM COM A CABEÇA.

Carlos: — Cuide bem de Isadora, por favor.

Miro: — Esmeralda era como minha filha. Isadora será como minha neta. Pode ir em paz.

CARLOS ESTENDE A MÃO PARA ELE.

OS DOIS APERTAM-SE AS MÃOS.

Carlos: — Obrigado por tudo!

CARLOS AINDA OLHA PARA ISADORA E DEPOIS SAI, ACOMPANHADO DE INÁCIO.

MIRO APROXIMA-SE DE ISADORA.

Miro: — Isadora, minha filha... Nova vida! Novos rumos!

RINO APROXIMA-SE DELA.

Rino: — A carroça de sua mãe já está arrumada, conforme você pediu.

Isadora: — Obrigada, Rino. (*Para Miro.*) Vou descansar. (*E vai.*)

RINO ACOMPANHA ISADORA ATÉ A PORTA.

Rino: — É bom ter você aqui, Isadora! É como se Esmeralda continuasse aqui, com a gente!

ISADORA SOBE, PARA NA PORTA DA CARROÇA, QUE DEVERÁ ESTAR SEM A COBERTURA.

ISADORA TOMA FÔLEGO E ENTRA.

ISADORA FICA NO LUGAR DE ESMERALDA.

EMOÇÃO EM TODO O ACAMPAMENTO.

LUZ FECHA EM ISADORA DENTRO DA CARROÇA, TOMANDO POSSE DAQUELE ESPAÇO, QUE AGORA PASSA A SER SEU.

SOM: UM TEMA MUSICAL QUE LEMBRA ESMERALDA.

LUZ CAI EM RESISTÊNCIA.

PASSAGEM DE TEMPO.

CASTELO DE DOM FERNANDO – SALA.

MARIA DÁ UM ABRAÇO CARINHOSO EM DOM FERNANDO E UM BEIJO EM DONA ENCARNAÇÃO.

Maria: — Obrigada por tudo o que vocês têm feito por mim nesta fase difícil que tenho vivido!

Dom Fernando: — Você merece!

Dona Encarnação: — Filha, você não dormiu a noite toda... Por que não vai para o quarto descansar um pouco?

Maria: — Prefiro ficar aqui... com meus pensamentos.

Dona Encarnação: — Não quer fazer o desjejum conosco?

Maria: — Não, obrigada. Estou sem fome.

Dona Encarnação: — Está bem. (*Faz sinal a Dom Fernando, para saírem.*)

Dona Encarnação: *(Antes de sair.)*

— Nós ainda voltaremos a ser felizes. Todos juntos!

OS DOIS SAEM DEIXANDO MARIA SOZINHA.

ELA FICA NA SALA, PENSATIVA.

MATILDE VEM DO QUARTO, VESTIDA COM ROUPA DE DORMIR.

Matilde: — Mãe, não consegui dormir a noite inteira!

Maria: — Sente-se aqui do meu lado!

MARIA ACONCHEGA A FILHA EM SEU OMBRO.

JOSÉ VEM DO QUARTO, ASSUSTADO, TAMBÉM COM ROUPA DE DORMIR.

José: — Mãe... tive um pesadelo horrível essa noite! Sonhei que papai estava afogando--se no mar! Ele gritava pedindo socorro! Estava todo machucado! (*Senta ao lado da mãe, tremendo.*)

Maria: — Já passou, meu filho, já passou... (*Abraça-o.*)

JOSÉ SENTA AO LADO DA MÃE.

FICAM OS TRÊS JUNTOS.

SARITA VEM DO QUARTO.

Sarita: — Dona Maria, fiquei rolando na cama a noite inteira, acordada! Perdi a hora de levantar!

Maria: — Não se preocupe, está tudo bem!

FICAM TODOS LÁ, JUNTOS.

UMA SENSAÇÃO ESTRANHA EM TODOS.

Maria: *(Amenizando o clima.)*

— Quem me acompanha num chocolate quente, com torta de maçã?

Matilde e José: *(Animados.)*

— Eu quero!

Sarita: — Eu vou preparar!

Maria: — Vamos! Eu te ajudo!

A AÇÃO DAS DUAS É INTERROMPIDA POR GALOPES DE CAVALOS QUE VÃO CHEGANDO.

OS CAVALOS RELINCHAM.

EXPECTATIVA DE TODOS NA SALA.

BARULHO FORTE DE PORTA ABRINDO.

CARLOS ENTRA NA SALA, SEGUIDO DE INÁCIO.

CLIMA GERAL.

CARLOS OLHA PARA MARIA.

ELA SABE E SENTE QUE ELE VOLTOU.

Maria: — Nós vamos tomar um chocolate! (T) Você aceita, Carlos?

ESSA É A MANEIRA DE MARIA DEMONSTRAR QUE PERDOA CARLOS E QUE O ACEITA DE VOLTA.

CARLOS ENTENDE A INTENÇÃO E O GESTO.

Carlos: *(Muito emocionado.)*
— Aceito sim, obrigado!

Maria: *(Doce e carinhosa.)*
— Com bastante açúcar, como você gosta!

CARLOS FAZ QUE SIM E SORRI AMOROSAMENTE PARA MARIA. ELA RETRIBUI.

TUDO MUITO SUTIL E DELICADO.

MARIA SAI DA SALA.

CARLOS OLHA PARA OS FILHOS.

JOSÉ E MATILDE CORREM E O ABRAÇAM.

INÁCIO E SARITA TAMBÉM SE ABRAÇAM.

MUITA EMOÇÃO ENTRE TODOS.

Carlos: — Ah, meus filhos!... Que bom estar de volta!

Sarita: *(Para Inácio.)*
— Que bom que você conseguiu trazer Dom Carlos de volta!

Inácio: — O patrãozinho iria voltar de qualquer jeito. O lugar dele é aqui!

CARLOS APROXIMA-SE DE INÁCIO.

Carlos: — Obrigado por tudo, Inácio! Você é o meu melhor amigo!

E DÁ UM FORTE ABRAÇO NELE.

PLANO ESPIRITUAL.

ESMERALDA DEITADA. DORMINDO.

TÂNIA VEM E APROXIMA-SE DELA. OLHA UM TEMPO PARA A FILHA, FAZ-LHE UM CARINHO.

SURGEM AS TRÊS CIGANAS.

Sura: — Acorde, Esmeralda. Esmeralda, acorde!

Mina: — Seu corpo morreu, mas seu espírito sobreviveu!

Cigana: — E foi muito bem tratado.

Sura: — Seu espírito, Esmeralda, com muito zelo foi cuidado...

Cigana: — Acorde, Esmeralda. Esmeralda, acorde!

Mina: — Agora você está num outro plano.

Sura: — Com Tânia, sua mãe, a seu lado.

Cigana: — Veja como tudo mudou!

Mina: — Você melhorou, recuperou-se!

As três: — Acorde, Esmeralda. Esmeralda, acorde!

ESMERALDA AOS POUCOS DESPERTA. RECONHECE A MÃE QUE ESTÁ AO SEU LADO.

Esmeralda: — Mãe!

Tânia: — Está melhor?

Esmeralda: *(Respira fundo.)*

— Eu estou sentindo-me muito bem!

Tânia: — E vai sentir-se melhor ainda! Cada vez mais!

Esmeralda: — Mãe... este lugar aqui é...?

Tânia: — É o primeiro estágio para o fortalecimento de seu espírito!

ESMERALDA FAZ PAUSA PARA REFLEXÃO.

Esmeralda: — Faz muito tempo que eu estou aqui?

Tânia: — O tempo aqui não importa, filha! O importante é que você está bem!

Esmeralda: — E Carlos?

Tânia: — Você conseguiu salvá-lo. Ele voltou para a família.

Esmeralda: — E Isadora?

Tânia: — Continuou no acampamento e está muito bem! Aliás, eu vim aqui exatamente para levar você até lá. Você recebeu permissão para estar ao lado dela. Hoje é um dia muito importante para Isadora.

Esmeralda: — Dia importante?!

Tânia: — Ela vai casar-se com Rino!

Esmeralda: — Com Rino... filho de Miro?

TÂNIA FAZ QUE SIM.

Esmeralda: — Isadora... e Rino... juntos?!

Tânia: — Juntos, felizes e se amando muito!

Esmeralda: — Que bom! Que bom! (T) O amor é tão importante na vida de uma mulher, não é, mãe?

Tânia: — É sim, minha filha!

Esmeralda: — E por que é tão difícil a gente ser feliz com quem ama?

Tânia: — Talvez... porque... faça parte de nosso aprendizado!

Esmeralda: — A senhora também já sofreu por amor, não foi? Como eu!

Tânia: — Mas consegui superar tudo! (T) Miro me ajudou muito!

Esmeralda: — Ele a ama, mãe!

Tânia: — E eu a ele! (T) Miro... um grande amigo... um verdadeiro irmão! (T) Também tive muito amparo aqui! (T) Perdoei a quem me fez sofrer.

Esmeralda: — Eu ainda não. Carlos me magoou muito!

Tânia: — E você a ele!

Esmeralda: — Mãe... por que eu e Carlos não conseguimos ser felizes? Nós nos amávamos tanto!

Tânia: — Eu sei! Esse amor vem de longe!

Esmeralda: — De longe?

Tânia: — Há muito tempo vocês estão tentando viver esse grande amor! Só que ainda não conseguiram resgatar tudo o que precisam para poderem libertar-se e encontrar a verdadeira felicidade juntos! (T) Mas quem sabe... um dia...

Esmeralda: — Quer dizer que existe uma possibilidade de eu e Carlos nos encontrarmos de novo?

Tânia: — Claro! Se o amor de vocês é verdadeiro, cumpridos todos os compromissos que vocês dois assumiram em outras vidas, com outras pessoas, poderão encontrar--se de novo e ser felizes juntos!

Esmeralda: — Eu adoro Carlos, mãe! Ele é o homem da minha vida!

Tânia: — Você também é a mulher da vida dele! Tenha certeza disso!

Esmeralda: — Que bom que a senhora está aqui, me dando força!

Tânia: — Eu estarei ao seu lado, sempre que precisar!

AS DUAS SE ABRAÇAM.

Tânia: — Você precisa ir! Se demorar mais um pouco vai perder o casamento!

Esmeralda: — A senhora não vai comigo?

Tânia: *(Faz que não, com a cabeça.)*

— Vou ficar aqui, vibrando por você e por todos de nossa família!

REAÇÃO DE ESMERALDA, QUE SORRI.

ACAMPAMENTO DOS CIGANOS.

FESTA. TODOS MUITO BONITOS, ENFEITADOS E COM ROUPAS COLORIDAS PARA O CASAMENTO. RISOS E ALEGRIA. BEBEM E DEDILHAM INSTRUMENTOS.

DEPOIS DE UM TEMPO, MIRO SURGE NA PORTA DA CARROÇA DE ISADORA.

SILÊNCIO.

EXPECTATIVA DE TODOS.

MIRO ESTENDE A MÃO.

ISADORA, MUITO BONITA, VESTIDA PARA O CASAMENTO, DESCE DA CARROÇA.

DO OUTRO LADO DO PALCO, ENTRA MINA, TRAZENDO RINO PELA MÃO.

ELE ESTÁ TAMBÉM MUITO BONITO, VESTIDO PARA O CASAMENTO.

OS DOIS SE ENCONTRAM.

ESMERALDA É REVELADA.

NUM CLIMA DE MUITA MAGIA, ACONTECE A CERIMÔNIA DO CASAMENTO CIGANO, COMANDADA POR MIRO.

CERIMÔNIA CARACTERÍSTICA, EXPRESSIVA.

AO FINAL, MIRO TOMA A PALAVRA, EMOCIONADO.

Miro: — Estão unidos pelas mãos de Deus! Sejam felizes!

TODOS FESTEJAM E APLAUDEM COM ENTUSIASMO.

COMEÇA UMA MÚSICA FORTE E BONITA.

ISADORA E RINO PARTICIPAM DE UMA DANÇA QUE TRADUZ: ENCONTRO, ALEGRIA, HARMONIA, UNIÃO, FELICIDADE E AMOR.

ISADORA E RINO DANÇAM APAIXONADAMENTE.

A DANÇA TERMINA.

Rino: — Eu te amo!

Isadora: — Eu também te amo!

OS DOIS SE BEIJAM, FELIZES.

ESMERALDA OBSERVA TUDO, MUITO EMOCIONADA, E SE DESTACA, FICANDO EM PRIMEIRO PLANO.

Esmeralda: *(Tomada de grande força interior.)*

— Dou graças à vida, que me ensinou tanto! Dou graças aos céus, que me recebeu com luz! (T) Existe agora um novo caminho a seguir!

ACORDES FORTES DE GUITARRAS.

Esmeralda: — Seja o passado... passado! Tome-se outra vereda e pronto!

SURGEM AS TRÊS CIGANAS.

Sura: — Seja o passado...

Cigana: — Passado.

Mina: — Tome-se outra vereda e pronto!

As três: *(Vibrantes.)*

— Tome-se outra vereda e pronto!

OS CIGANOS EXECUTAM UM TRECHO MUSICAL BONITO, FORTE E EMOCIONANTE.

ESMERALDA FAZ UNS MOVIMENTOS DE DANÇA PRECISOS E ENVOLVENTES.

AO FINAL, UM MOVIMENTO QUE TERMINA NUM GRANDIOSO "OLÉ"!

ESMERALDA CONGELA O MOVIMENTO NUMA EXPRESSÃO DE LIBERTAÇÃO.

SILÊNCIO.

A IMAGEM DE ESMERALDA VAI DESVANECENDO-SE LENTAMENTE, ATÉ BLACKOUT TOTAL.

FIM

Inspirações para sua alma

VIDA & CONSCIÊNCIA
EDITORA

ESMERALDA

Zibia Gasparetto

Esmeralda era orgulhosa, absoluta e linda! O mistério maravilhoso de sua dança, em meio ao povo, arrancava aplausos acalorados. Sempre desejada, despertava paixões e exacerbava sentimentos. Mas foi em Valência, na Espanha, que a cigana encontrou o amor, que arrastou consigo até o seu destino final.

CATEGORIA: Romance
PÁGINAS: 352
ACABAMENTO: Brochura
ISBN: 978-85-85872-04-5

Este livro foi impresso em offset 75 g/m² pela Gráfica Vida & Consciência.
São Paulo, Brasil, inverno de 2011.

VIDA & CONSCIÊNCIA
G R Á F I C A

Rua Agostinho Gomes, 2.312 – SP
55 11 3577-3200

grafica@vidaeconsciencia.com.br
www.vidaeconsciencia.com.br